NOTICE

SUR

DEMANGE-AUX-EAUX

ET

L'ABBAYE D'EVAUX

PAR

M. l'abbé JACQUOT

MEMBRE DE LA SOCIÉTÉ D'ARCHÉOLOGIE LORRAINE

NANCY

SOCIÉTÉ NANCÉIENNE DE PROPAGANDE. — LIBRAIRIE NOTRE-DAME

63, rue Saint-Georges, 63

1882

NOTICE

SUR

DEMANGE-AUX-EAUX

ET

L'ABBAYE D'EVAUX

PAR

M. l'abbé JACQUOT

MEMBRE DE LA SOCIÉTÉ D'ARCHÉOLOGIE LORRAINE

NANCY

SOCIÉTÉ NANCÉIENNE DE PROPAGANDE. — LIBRAIRIE NOTRE-DAME

63, rue Saint-Georges, 63

1882

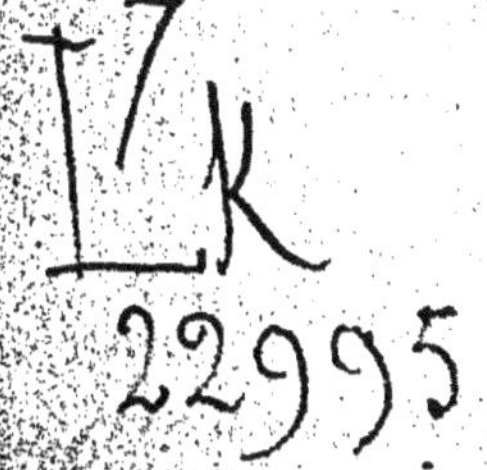

Permis de faire imprimer délivré par Monseigneur l'Évêque de Verdun.

Nous, Augustin Hacquard, évêque de Verdun,

Vu le rapport favorable de notre Commission d'examen,

Autorisons volontiers la publication des *Notices sur Demange-aux-Eaux et sur l'abbaye d'Evaux*, par M. l'abbé Jacquot, curé de Demange-aux-Eaux. Nous félicitons cet ecclésiastique de s'être livré à des recherches qui ont pour résultat, non seulement de fournir des renseignements sûrs et précis à l'histoire, mais d'éclaircir et de perpétuer les traditions religieuses des paroisses.

† AUGUSTIN,
Évêque de Verdun.

Verdun, le 24 septembre 1881.

AVANT PROPOS

Rien n'est intéressant comme l'histoire, et surtout l'histoire du pays! Qui de nous n'a relu vingt fois, et toujours avec un nouveau plaisir, les pages où sont retracées les gloires de la France, sur les champs de bataille, dans la culture des lettres, des sciences et des arts, dans les découvertes et dans les œuvres de bienfaisance et de religion? Qui de nous n'a point parcouru, avec un douloureux intérêt, le récit des jours d'épreuve et de faiblesse de son pays?

Mais parmi toutes les histoires, il en est une, sans contredit, dont l'attrait est plus vif encore pour chacun de nous: c'est l'histoire *locale*, parce qu'elle est l'histoire du foyer et du clocher, cette petite patrie à laquelle nous appartenons tout d'abord et pour laquelle nos cœurs battent avant de battre pour la grande patrie.

N'est-ce, pas, en effet au foyer et près du

clocher, que s'écoulent nos premiers ans, que se forment nos premières et nos plus durables affections, que nous recevons nos premières impressions, nos premières connaissances et que se développent notre raison et notre foi ?

C'est sur ce modeste théâtre et dans ce petit monde, que se passent nos plus belles années, que s'écoule souvent toute notre existence ; c'est là que nous avons entendu parler des aïeux, de leurs joies, de leurs revers, ainsi que des événements du passé, plus souvent tristes qu'heureux.

Faire donc l'histoire du foyer et du clocher, c'est évoquer les souvenirs les plus doux pour le cœur humain, puisque c'est faire l'histoire des ancêtres et de tout ce qui a pu les intéresser, de ce qui les a réjouis, de ce qu'ils ont souffert, des lieux qu'ils ont habité, du sol qu'ils ont défriché, cultivé, planté, arrosé de leurs sueurs et foulé de leurs pieds ; c'est faire l'histoire de la tombe où ils reposent ; c'est les ressusciter en quelque sorte, pour les mettre en scène de nouveau et les faire parler et agir eux-mêmes.

Aussi rien de plus émouvant que l'histoire *locale* pour ceux qui vivent au milieu des souvenirs qu'elle rappelle, et cependant, il faut le confesser avec regret, rien n'a été plus négligé que ces histoires particulières, chargées de nous redire ce qui s'est passé près de nous, à nos portes et dans nos foyers ! Que de choses palpitantes d'intérêt, si elles avaient été enregistrées en leur temps ! Que de bouleversements, que de transformations, dignes d'être signalés, se sont effectués, dans le cours des siècles !

Bon nombre de sociétés savantes, s'occupent aujourd'hui, animées d'un zèle digne d'éloges, de refaire ces annales du passé, avec les documents qu'elles peuvent recueillir. Mais, malgré cela, combien de localités n'ontpoint encore leur histoire, et ne vivent que de souvenirs plus ou moins exacts.

Il semble donc que c'est un pieux devoir, pour quiconque ose l'entreprendre, de chercher à reconstituer le passé, à l'aide des documents qui existent encore, de contrôler toutes ces traditions plus ou moins altérées, afin de les redresser, et de les consigner pour les empêcher de s'effacer. Du reste, toutes ces ruines que nous foulons aux pieds, à chaque pas, ne sont-elles pas autant de témoins des siècles qui nous invitent elles-mêmes à les interroger, afin de pouvoir redire leur gloire et leurs revers ?

Et pour parvenir à ce but, du moins en partie, nous avons très souvent de précieux papiers de famille, ceux des Mairies et des Fabriques; mais nous avons surtout les archives départementales, toujours gracieusement mises à la disposition de ceux qui désirent s'en inspirer; elles renferment des mines inépuisables. N'en est-ce pas assez pour faire jaillir dans l'esprit des investigateurs d'utiles et intéressantes clartés, capables de les dédommager grandement de leurs peines?

C'est pour goûter ce plaisir et le faire goûter à ceux qui voudront bien nous lire, que nous avons entrepris de retracer le passé civil et religieux de Demange-aux-Eaux et de l'ancienne abbaye d'Evaux, sa voisine, liée à son existence pendant six siècles et demi. Sans doute, nous n'avons pas la prétention de redire, dans ces quelques pages, tout ce qu'il y aurait d'intéressant sur ces deux sujets, les documents nous ayant fait défaut; nous avons seulement voulu livrer aux âges présents et futurs, ce que nous avons pu découvrir, par nos nombreuses recherches, à cet effet.

Peut-être une plume, plus féconde et mieux renseignée que la nôtre, complétera-t-elle un jour ce travail que nous ne faisons qu'esquisser? C'est notre espérance; c'est surtout notre désir.

En attendant, nous voulons avoir au moins la prétention d'être véridique et de ne rien affirmer que nous ne l'ayons puisé à source sûre.

Puisse ce petit travail obtenir le but que nous nous sommes proposé : intéresser, instruire et édifier nos lecteurs !!!

Avant d'entrer en matière, il ne sera peut-être pas hors de propos de jeter un petit coup d'œil rétrospectif sur l'histoire générale, afin de faire connaître tout de suite à nos lecteurs quelle place occupe le coin de terre que nous allons décrire, dans le grand tableau de l'histoire universelle et, en particulier, dans celle de ce beau pays lorrain et barrois, si plein d'intérêt, auquel leurs pères avaient l'honneur d'appartenir. Ce sera aussi leur faciliter l'intelligence de plus d'un trait de notre récit, qu'ils auraient peine à s'expliquer, sans cette digression préliminaire.

Chacun sait que le sol de notre France actuelle a été dès longtemps envahi par des peuplades errantes qui se disputaient le globe, en cherchant à s'établir dans les contrées les plus fertiles et les plus paisibles. Les premiers envahisseurs connus furent les Gaulois (1),

(1) Tout Gaulois naissait soldat ; la mère présentait à baiser à son nouveau-né l'épée nue de son époux ; c'était son baptême. Dès qu'il pouvait tenir une arme, on l'habituait à la manier et pour que les jeunes gens ne perdissent point leur activité, par

venus d'Asie, ce berceau de tous les peuples, au moins quinze ou seize cents ans avant notre ère. Ils se fixèrent dans notre patrie qui, à cause d'eux, porta longtemps le nom de Gaules. Plus tard, vers six cents ans avant Jésus-Christ, apparut une tribu nouvelle, appelée Kymris ou Belges, qui occupa plus particulièrement nos contrées de l'Est (1).

Ces hardis envahisseurs, après avoir plus d'une fois harcelé leurs voisins, et les Romains en particulier, furent à leur tour subjugués par ces derniers (50 ans avant J.-C.), qui fondèrent dans notre pays de nombreux établissements, dont on retrouve plus d'une trace çà et là, surtout celles de leurs camps retranchés et de

trop d'embonpoint, ils devaient ceindre, deux fois l'an, une ceinture officielle qu'ils ne pouvaient dépasser, sans encourir une forte réprimande.

Les annales militaires et les titres de noblesse de la famille, étaient les crânes des chefs guerriers qu'elle avait tués ; ceux des rois étaient enchâssés d'or et l'on s'en servait comme de coupes pour boire dans les grands jours de fête. (Histoire de France de l'abbé Pierrot, Tome 1er, page 182 et 183).

(1) Les Gallo-Belges n'avaient pas de temples pour célébrer leur culte aux faux dieux; ils se contentaient d'élever des menhirs et des dolmens de 12 à 14 pieds de hauteur, au milieu des forêts ou dans des lieux solitaires. On rencontre encore aujourd'hui des traces de ces autels druidiques, même dans la Meuse, et plusieurs contrées portent encore des noms qui les rappellent : haute borne, pierre fichée, pierre percée, pierre fitte, etc. (Digot, Tome 1er page 38). Les bornes percées de Demange, à la Devise et sous Azois, ne seraient-elles pas des souvenirs du culte de nos pères les Gaulois? C'est à présumer, quoiqu'une opinion récente soit venue infirmer ce témoignage.

leurs bains (1). Toutefois les Romains, longtemps maîtres chez nous, se verront eux-mêmes supplantés par d'autres peuples appelés les Barbares qui, pendant plusieurs siècles, feront de notre pays le théâtre de leurs ravages. Parmi eux les Francs, venus des forêts de la Germanie, seront les seuls qui s'y fixeront, sous la conduite de leurs chefs : Pharamond, Clodion, Mérovée, Childéric et Clovis. Ce dernier se fait chrétien (496) et fonde, avec ses guerriers, une société nouvelle, destinée à remplacer la société gallo-romaine, qui devra se fondre avec elle.

Sous les rois mérovingiens, la Lorraine, qui portait le nom d'Austrasie, fut gouvernée par des descendants de Clovis et formait un royaume à part ; mais, à la fin du VIIe siècle, Pépin d'Héristal et son fils, Charles-Martel, maires du Palais sous nos rois fainéants, furent élus ducs d'Aus-

(1) C'est du temps des Romains que brillait la célèbre cité de Naix, notre voisine, qui embrassait la plaine et les collines environnantes ; elle était défendue par un célèbre camp retranché, assez vaste pour contenir deux légions, et son emplacement se voit encore sur la côte de Châtel. On pense que cette ancienne ville Gauloise a été saccagée plusieurs fois : d'abord par les Allemands en 355, puis par les Vandales au Ve siècle et enfin par les Huns d'Attila en 451. Néanmoins, elle fut rebâtie, ou au moins sa forteresse, pour être détruite de nouveau en 612, par Thierry II, roi de Bourgogne et d'Austrasie (Histoire de Verdun, Tome 1er p. 42). Cependant cette ville a dû être relevée encore, car en 936 elle est appelée Civitas Nasium dans un diplôme de saint Gauzelin, évêque de Toul (Digot, Tome 1er, page 101). Quand a eu lieu sa dernière destruction ? C'est ce qu'on ignore.

trasie. Après Charlemagne, cette province, par le traité de Verdun en 843, échut à l'empereur Lothaire Ier, son petit-fils, qui lui donna le nom de Lothar-règne, ou royaume de Lothaire, dont on a fait Lorraine par abréviation.

Pendant quelque temps au pouvoir des empereurs d'Allemagne, malgré ses efforts pour se donner à la France, notre pays commença à s'appartenir en 959, après que Brunon, archevêque de Cologne, frère de l'empereur Othon, nommé par lui duc de Lorraine, l'eut divisée en haute et basse Lorraine. Le premier duc de la haute Lorraine fut Ferry Ier ou Frédéric d'Ardennes comte de Bar (1), qui eut pour successeur, Thiéry,

(1) C'est ici le lieu de dire un mot du Comté de Champagne, du Duché de Bar et du Comté de Vaudémont, dont il sera plus d'une fois parlé dans cette notice. C'est dès l'origine que nos rois donnèrent les titres de Comte et de Duc aux gouverneurs des villes et des provinces, ainsi qu'à leurs compagnons d'armes, mais à simple titre bénéficiaire toutefois. Ce ne fut que sous les rois de la 2e race que ces bénéfices devinrent héréditaires et que les seigneurs se fortifièrent contre eux; ils devinrent les exacteurs des peuples, abus qui força souvent nos évêques à réclamer près de nos rois.

1° *Le Comté de Champagne*, le plus ancien de tous, fut créé dès le VIe siècle, mais il ne devint héréditaire qu'au Xe. Thibaut II, que nous verrons fonder l'abbaye d'Evaux en 1130, fut un grand prince qui sut faire fleurir le commerce dans ses Etats. Henri Ier, Henri II et Thibaut IV, le plus illustre des Comtes de Champagne, prirent la croix contre les infidèles. La Champagne, d'abord réunie à la Navarre sous Thibaut IV, qui en devint roi par la mort de Sanchez, son oncle, en 1254, le fut à la France en 1335, par Philippe de Valois.

2° *La ville de Bar*, déjà célèbre depuis longtemps, fut érigée en Duché, lors de la division de la Lorraine par Brunon en 959.

son fils, à qui succéda Ferry II, mort sans héritier mâle, en 1027.

En 1048 le comte Gérard d'Alsace, regardé comme la souche de la grande dynastie alsacienne, par son mariage avec l'arrière petite-fille de Charles de France, Hadwide, nièce de Lothaire, rendit la dignité de duc héréditaire dans sa famille, de bénéficiaire qu'elle avait été jusque-là.

Pendant 400 ans environ, quinze princes de cette dynastie alsacienne régnèrent sur la Lorraine ; ils la défendirent contre ses avides voisins, les Allemands et les Français, qui vinrent plus d'une fois y porter le trouble et le ravage. En 1431, Charles II, fils du dernier duc de la dynastie alsacienne étant mort, sa fille Isabelle épousa René Ier d'Anjou, duc de Bar, comte de Guise et de Provence, ce qui commença la réunion du Barrois à la Lorraine, au grand contentement des habitants des deux Duchés qui en espéraient d'heureux résultats. Mais trois descendants seulement de René d'Anjou se succédèrent et le Duché

Elle fut créée capitale de la Basse-Lorraine. En 1034, les Ducs prirent le titre de Comtes, et ce Comté fut réuni définitivement à la Lorraine en 1480, puis à la France, avec la Lorraine, en 1766, comme nous allons le dire.

3° *Le Comté de Vaudémont*, d'abord simple seigneurie, fut érigée en Comté en 1071, par l'empereur d'Allemagne, en faveur du 2e fils de Gérard d'Alsace, duc de Lorraine, et, en 1416, les princes de Vaudémont héritèrent du Duché de Lorraine, par Yolande, mère de René II, comme on le verra aussi.

de Lorraine revint par Yolande d'Anjou, fille de René Ier et d'Isabelle, dans la branche de Lorraine-Vaudémont, par suite du mariage de cette princesse avec le comte Ferry II. René II, l'un des ducs de cette dynastie, se rendit célèbre par sa victoire sur Charles le Téméraire, duc de Bourgogne, qui assiégeait Nancy en 1477. Depuis cette époque, les ducs de Lorraine furent les alliés de la France pendant près de 200 ans ; ils se servirent de cette protection pour repousser les prétentions des empereurs d'Allemagne et se rendre indépendants. C'est ce que fit surtout le duc Antoine, en 1542, en signant avec Charles-Quint le traité de Nuremberg, qui reconnaissait l'indépendance de la Lorraine de toute suzeraineté ; il avait auparavant chassé les Rustauds qui désolaient notre pays. On aurait dit que cette vaillante Lorraine ne revendiquait son indépendance que pour se mettre au service de la France, car, jusqu'à Louis XIV, il n'y eut pas une seule guerre importante dans laquelle on n'ait vu des Lorrains combattre dans les rangs français. Cependant Charles IV, en 1624, s'écarta de la politique de sa famille vis à vis de la France, en donnant asile à tous les seigneurs mécontents du Cardinal de Richelieu et en recevant Gaston d'Orléans, frère de Louis XIII, à qui il permit de diriger une attaque contre son roi. Mais Louis XIII en punit cruellement la Lorraine, dont il fit la conquête avec les Suédois, il contraignit le duc à céder sa couronne à son frère et à se retirer en Allemagne. Rendu à ses Etats par le traité de 1641, Charles se ligua de nouveau avec tous les ennemis de la France, contre la régente Anne d'Autriche. Il eut même encore l'imprudence de se brouiller avec Louis XIV qui le dépouilla de ses Etats et fit subir à la Lorraine toutes les horreurs de l'invasion; de sorte que le règne de Charles IV fut un demi-siècle de malheurs profonds pour cette province.

Charles V (1675), neveu du précédent, après avoir en vain réclamé ses droits au Duché de Lorraine, près de Louis XIV, prit du service en Allemagne, pour se venger de la France. Léopold, son fils (1690), remis en possession de son duché, par le traité de Ryswik, s'appliqua à rappeler la prospérité dans ses Etats à moitié dépeuplés, et il fut béni par tous les Lorrains, qui virent en lui l'ami du peuple. François III, son fils (1729), s'attacha à l'Autriche et laissa la régence à sa mère, en voyant que son Duché était sous la domination de la France. Il se maria avec Marie-Thérèse d'Autriche, ce qui prépara l'annexion de la Lorraine à la France. Cependant on en laissa encore la jouissance à Stanislas Leczinski, beau-père de Louis XV (1737). Ayant échoué dans la reprise du royaume de Pologne dont il avait déjà été dépossédé, il fut créé duc de Lorraine par Louis XV, et, à sa mort, la Lorraine fut définitivement réunie à la France, en 1766. Ce prince, notre dernier duc de Lorraine, fut aimé de nos pères, qui le surnommèrent à juste titre : Stanislas-le-Bienfaisant.

Désormais l'histoire de Lorraine et de Bar appartient à la France.

NOTICE

SUR

DEMANGE-AUX-EAUX

I

ORIGINE DE DEMANGE-AUX-EAUX ET ÉTYMOLOGIE DE CE NOM. — SA POPULATION. — SON TERRITOIRE ET SES BOIS. — SON MARCHÉ HEBDOMADAIRE ET SES FOIRES.

1° *Origine de Demange-aux-Eaux et étymologie de ce nom.* — Le village de Demange-aux-Eaux, situé sur l'Ornain, à 9 kilomètres de Gondrecourt et à 20 de Ligny-en-Barrois, paraît remonter, comme la plupart de nos villages, à l'époque Gallo-Romaine, car on a trouvé sur son territoire quantité de cercueils en pierre, que l'on croit être de cette période reculée (1). En tous cas, nous trouvons Demange par-

(1) C'est sous Tombois (bois des tombeaux), contrée située tout près du village, qu'on a rencontré surtout de ces cercueils qui contenaient des squelettes, des objets en métal, tels que des outils

faitement établi dès le commencement du XIIe siècle dans toutes les archives de cette époque.

Son étymologie semble lui venir de la situation immémoriale de son église entre deux rivières, ce qui l'a fait appeler le Dimanche près des eaux (Dominica ad aquas). C'est l'étymologie qui paraît la plus vraisemblable et que lui donne Dom Calmet lui-même (1), de préférence à ces deux autres : Demange-aux-Aulx (Dominica ad alla) et Demange-aux-Vaulx (Dominica ad valles), noms par lesquels il est parfois qualifié dans de vieux pouillés. « Ce « village, dit Dom Calmet, dans sa Notice, est situé « sur l'Ornain en Barrois. L'église et le presbytère « sont dans une île de l'Ornain, assez près du vil- « lage. L'abbaye de Vaux-en-Ornain en est fort « proche. La paroisse a pour patron saint Remy, « cure régulière de l'ordre de Cîteaux. Le prieur et « les religieux de Vaux nomment à la cure, le roi « nomme à l'abbaye. La dîme appartient en tout à « l'abbaye qui paie pension au curé. »

Demange, pour le temporel, était autrefois de l'office de Gondrecourt, de la recette de Bourmont,

et des armes ; ce qui accuserait peut-être l'existence d'un ancien cimetière gallo-romain et, par là même, un village à Demange, dès cette époque.

En 1875, en faisant les terrassements du chemin de fer, on a découvert aussi, non loin de la Croix-des-Morts, plus de cent médailles en bronze, du règne d'Adrien, renfermées dans un pot de terre, caché à plus de deux mètres de profondeur (M. Bourotte, capitaine en retraite et enfant de Demange).

(1) Dom Calmet, célèbre bénédictin, originaire de Ménil-la Horgne, notre voisin, et abbé de Senones (Vosges), mort le 25 octobre 1757, âgé de près de 85 ans. Il a laissé de savants écrits, entre autres son Histoire de la Lorraine et sa Notice sur le même sujet.

du baillage de Lamarche, du présidial de Châlons et du parlement de Paris (1). Pour le religieux, il était du doyenné de Gondrecourt, de l'archidiaconé de Ligny et du diocèse de Toul. Aujourd'hui il est, pour le temporel, du canton de Gondrecourt (après avoir été lui-même chef-lieu de canton pendant la première République), et de l'arrondissement de Commercy.

Pour le religieux, il est du doyenné de Gondrecourt, de l'archiprêtré de Commercy et du diocèse de Verdun.

Demange, qui possédait une étude de notaire, pendant le premier quart de ce siècle, possède encore aujourd'hui : un bureau de poste (2), un conducteur des ponts et chaussées, un percepteur des contributions directes et une brigade de gendarmerie à pied.

2° *De la population de Demange.* — Il nous est impossible, sans doute, d'indiquer la population de Demange, dans des temps très reculés, mais nous croyons pouvoir avancer que, depuis longtemps au moins, Demange a été assez important. En effet, dans une liste des anciens chefs de famille de ce village qui date de 1570, et que nous donnons plus loin, nous trouvons 90 chefs de famille, sans compter les seigneurs et les autres familles nobles qui y étaient très nombreuses à cette époque. Dans cette liste ne sont point compris non plus, les serviteurs

(1) Il suivait la coutume du Bassignybarrois.
(2) Il fut établi vers 1845.

de ces familles nobles et seigneuriales, pas plus que ceux qui étaient employés comme serviteurs et colons dans les fermes de Plein-Lieu, Fontenoy, l'abbaye d'Evaux, etc. Ces chefs de famille ajoutés aux 90 autres, donneraient toujours, au minimum, 100 chefs de famille dont les membres portés à six, comme c'est l'usage, pour cette époque, fourniraient une population de 600 habitants.

Du reste, dans le dénombrement de la seigneurie de Demange que nous donnons aussi plus loin et qui date de 1608, ce village est qualifié de bourg, par les seigneurs, ce qui prouverait qu'il avait une certaine importance. En 1725, époque à laquelle, à peu près, écrivait Dom Calmet, « Demange a 125 ou 130 habitants », chiffre qui, sextuplé, nous offre une population de 780 âmes. En 1761, nous trouvons dans les registres, 72 confirmés ; en 1780, ils sont 76, et en 1789, ils sont 132. Ces chiffres respectables ne laissent pas que d'accuser eux-mêmes une population assez nombreuse. En 1771, il y a à Demange, 150 feux, c'est-à-dire 900 habitants ; en 1778, il y a 170 feux, ce qui donne une population de 1020 âmes. En 1844, il y a 795 âmes, et, en 1852, leur chiffre s'élève à 1,000 et plus, à cause des ouvriers qu'y avaient amenés les travaux du souterrain et du canal de la Marne-au-Rhin. Ce chiffre redescendu à 950, quelques années après, s'est soutenu jusqu'en 1867 ; mais aujourd'hui, malgré les recrues des habitants de la gare en 1875, et de ceux de la gendarmerie en 1876, la population ne s'élève plus qu'à 820 ou 30, par suite d'abord de la cessation de la filature de coton qui occupait une soixantaine d'ouvriers, et par suite aussi du petit nombre des naissances.

8° *Le territoire et les bois de Demange.* — Nous lisons, dans un titre particulier, qu'en 1704, les habitants de Demange jouissaient de mille arpents de terre en chaque saison (1). « Ces terres, y est-il dit, rapportaient cent gerbes par jour, et il fallait de douze à quinze gerbes pour le bichet, ce qui donnait à peu près 8,000 bichets par an pour les habitants (2). Là-dessus deux cents bichets étaient dus pour la dîme. » A cette époque aussi, le territoire de Demange « était assez peu fructueux, par suite de la sécheresse, contrairement aux territoires voisins, beaucoup plus productifs et les habitants étaient obligés de se nourrir d'orge, vu la pénurie de blés ».

En 1543, la communauté de Demange fut poursuivie pour avoir aliéné, sans autorisation, une partie de ses bois d'usage à Jean de Cuzance, son seigneur (3). En 1704, les habitants jouissaient, pour leur part, de 302 arpents de bois, pour lesquels ils devaient payer, au seigneur, 1 franc, par ménage, à la Saint-Remy, afin d'avoir droit à leurs affouages. La veuve ne payait que moitié, et les garçons ou filles faisant ménage, le quart seulement.

La chronique prétend ici que c'est la famille de

(1) L'arpent valait 34 ares 64 centiares, la perche était de 25 centiares.

(2) Le bichet valait trois doubles décalitres et un tiers, ce qui faisait 32,000 doubles décalitres.

(3) Inventaire des Archives de la Meuse, p. 102.

Choiseul qui a fait don à la commune de Demange de ses bois. Si le fait est vrai, ce serait donc par suite de vente à ses seigneurs que la communauté en aurait été dépouillée, puisqu'en 1548 elle les possédait encore.

4º *Le marché hebdomadaire et les foires de Demange.* — Dans le dénombrement de la seigneurie de Demange, en 1603, nous lisons que ce village avait trois foires, par année, comme il en a encore deux aujourd'hui. Mais il avait, en outre, un marché tous les lundis, ainsi qu'on le lit dans le même dénombrement et dans une enquête faite, en 1610, par les commissaires fiscaux, à propos du rétablissement des foires et marchés de Mauvages, afin de s'assurer que ce rétablissement ne nuirait pas aux marchés des villes, bourgs et villages environnants et en particulier à celui de Demange. (Titre particulier de Mauvages.)

C'était le duc François Ier qui, en 1544, avait signé la charte d'établissement de ce marché et de ces foires, à Demange. Il y avait une halle sous laquelle ils se tenaient, et dont le revenu valait 18 francs au seigneur. Cette halle se trouvait vis-à-vis le château et occupait la place des maisons de la rue des Tilleuls qui bordent la rivière. Elle était détruite avant la Révolution, et son emplacement devenu un jardin qu'on nommait la grande halle, et qui appartenait, à la fois, au domaine royal et au domaine seigneurial.

II

DU CHATEAU. — DES SEIGNEURS. — DES ANCIENS NOBLES. — DES REDEVANCES ET DE LA PRÉVOTÉ DE DEMANGE.

1° *Du château de Demange.* — A quelle époque et par qui fut bâti le château de Demange ? C'est ce que nous ne pouvons dire. Dom Calmet, dans sa Notice, se contente d'avancer « qu'il y a à Demange un fort beau château, avec ponts-levis et fossés pleins d'eau, appartenant (de son temps) à M. le marquis de Stainville (1) ». Ce château, le seul qui méritât encore ce nom, du temps de Dom Calmet, se trouvait en face de la Croix, en haut de la rue des Tilleuls, ainsi nommée parce qu'autrefois, paraît-il, il y avait une belle avenue de ces arbres, depuis le château jusqu'à l'église.

Les anciens qui ont vu cette maison-forte, assurent qu'elle était très belle ; elle était construite sur deux ailes, à deux étages, et ceinte de murs, du côté de la route jusqu'aux maisonnettes (2) ; l'autre côté était clos par la rivière elle-même.

(1) Nous donnerons en appendice la description du mobilier de ce château en 1745, sous la marquise de Stainville.

(2) La rue de la Route, avant 1750, s'appelait la Grande Rue ; celle des Tilleuls s'appelait aussi la rue du Château.

Devant le château, se trouvait une grande cour d'honneur, dans laquelle on entrait par un pont-levis, placé sur les fossés qui le protégeaient dans tout son pourtour.

Toutes les maisons qui bordent la rive gauche de la route, en allant à Baudignécourt, formaient les granges, bergeries, remises et écuries de la maison-forte, qui, vendue au district de Gondrecourt, en 1795, pour la somme dérisoire de 12,000 francs, paraît-il, fut revendue, pour être démolie vers 1816, par les différents acquéreurs, et entre autres par MM. Fortune, de Houdelaincourt, et Viardin, de Demange. L'aile du côté de la rivière fut démolie la première et, avec ses débris, on construisit une tannerie, sur son emplacement, dès le commencement de ce siècle (1).

Les démolitions de 1816 furent conduites à Houdelaincourt, pour y construire différentes maisons et en particulier la brasserie qui se trouve près de la rivière, du côté d'Abainville, et sur la façade de laquelle on peut admirer encore quelques-unes des riches sculptures qui ornaient le château de Demange, ce qui ne sert qu'à faire regretter davantage le vandalisme qui a présidé à sa destruction. Le bel Hôtel de Ville et les belles maisons d'école, qu'aurait eu Demange dans ce château !

(1) Cette tannerie appartenant à un sieur Garnier de Gondrecourt, suscita plus d'une chicane entre lui et les habitants de Demange, qui ne prétendaient pas qu'il dût laver *ses cuirs* dans la rivière avant que leurs bestiaux eussent été abreuvés. Des plaintes furent même portées à la Sous-Préfecture, par le conseil municipal. On n'en trouve pas la réponse, mais la tannerie ne fit que passer.

En 1797 la commune fit démolir le pont-levis, dont les débris furent vendus par elle 20 francs, et elle paya 4 francs pour la démolition. (Titre particulier.)

Mais outre ce château, il y en avait un dans la maison appelée aujourd'hui la grande cour, près de la ruelle Rollot, en face de la rue de l'Eglise. Il appartenait à la famille de La Brossardière et il était habité en 1749 par Claude Bourrotte, Pierre Brisson et Etienne Royer ; mais il était en vétusté et il avait disparu pour la révolution. On croit qu'il y avait autrefois ici plusieurs autres maisons seigneuriales et on nous en a signalé deux : l'une, en face de la rue de la Gare, sur la rive droite de la route, dont on voyait encore une tourelle après la révolution et qui est occupée aujourd'hui par les maisons de MM. Émile Hanel et Remy Lapanne ; l'autre, dont on voyait également les grandes fenêtres, indiquant le manoir seigneurial, est occupée aujourd'hui par la partie nord de la maison de M. Achille Hanin. Toutefois on ne sait plus rien ni sur leurs habitants, ni sur les causes et l'époque de leur destruction.

2° *Des seigneurs de Demange depuis le XIIe siècle.* — Nous ne connaissons, avant le XIIe siècle, comme seigneurs de Demange, que les comtes de Champagne, à qui appartenaient toutes les seigneuries de l'Ornain ; mais, dès l'origine de l'abbaye d'Evaux (1130), les religieux furent institués seigneurs en partie de Demange. Nous lisons en effet au Cartulaire de cette abbaye : « Qu'en 1132,

Thibaut, comte de Champagne et seigneur d'Ornois, leur donne toutes ses seigneuries de l'Ornois, savoir : sa ville de Hévilliers, de St-Joire, de Demange, Fouchières et Rosières, en toute justice, avec les sujets desdits lieux de condition serve, de main-morte, poursuite et fors-mariage et le droit d'assises, qui est que les sujets desdits lieux sont tenus de payer : par chaque cheval, deux sols provenisiens, à la St Martin d'hiver ; par chaque vache un denier, et par chaque menue bête, un denier ; trois bichets de blé et autant d'avoine par chaque cheval, sous peine de soixante francs d'amende. Ils pourront vendre leurs chevaux entre la St Remy et la St-Martin, sous le congé desdits religieux, auxquels le dit seigneur Thibaut, donne encore, le droit en tout temps, de pâture pour leurs bêtes dans toute la prévosté de Gondrecourt. »

« La terre de Demange-aux-Eaux, dit dom Calmet, est un ancien fief mouvant des comtes de Bar, possédé autrefois par les princes de la maison de Vaudémont. Geoffroy de Vaudémont, sieur de Gondrecourt, reconnait en 1229, que, du consentement du comte Hugues de Vaudémont, son père, et de Hugues, son frère, il a repris en fief-lige de Henri II, comte de Bar, son alœuf de Montfort et de Demange, et être homme-lige dudit comte, après celui de Champagne, promettant que, s'il a deux fils, celui qui possèdera ces dits lieux sera homme-lige du comte de Bar. »

Au XIIe siècle le chapitre Saint-Etienne de Toul, seigneur de Bar, possède la moitié de la seigneurie de Demange. En 1239 et 1251, Gauthier de l'Epineaux, seigneur de Demange, et Hadeville, sa femme, vendent à l'abbaye d'Evaux le tiers de leurs grosses et menues dîmes de Demange, pour 400 francs de fors. En 1240, Geoffroy, sieur de Gondrecourt, reprend Demange-aux-Eaux de Philippe, comtesse de Bar, et de Thiébaut, son fils, et il en est seigneur conjointement avec Gérard, son frère. En 1250 ou à peu près, Adeline de Ruppe, femme de Liébaut de Bauffremont, est dame de Demange. En 1258, Jean de Gondrecourt, fils de Geoffroy, donne des lettres par lesquelles il déclare ne pouvoir aliéner le fief de Demange sans le consentement du comte de Bar, et, s'il le faisait, ce fief retournera au dit comte. Ces lettres sont accompagnées de celles de Henri, comte de Vaudémont, oncle de Jean de Gondrecourt, et de Jean, sire de Joinville, qui témoignent la même chose. En 1271, Bonsars de Paines, sire de Waly, de Beaumont, de Demange, et Alix, sa femme, dame de Demange et de Beaumont, donnent à l'église d'Evaux, dix charrettes de bûches, à prendre, chaque année, dans le bois du Chanois. En 1318, Gauthier de Briey, seigneur d'Abainville, l'est en même temps de Demange, qu'il cède à Edouard Ier, comte de Bar. En 1323, au mois d'octobre, ce même Gauthier et Mahaut, sa femme, font un traité avec les habitants de Demange, qui règle leurs redevances vis-à-vis de leurs seigneurs, et, en 1333, il reprend du comte de Bar, à qui il en fournit le dénombrement, tout ce qu'il possédait à Demange et à l'abbaye d'Evaux. En 1397, Robert de Briey, écuyer, probablement fils du précédent, fournit le dénombrement au duc Robert, de Bar, de tout ce qu'il possède à

Demange (1). En 1397, Jean d'Arrentières (2), seigneur dudit lieu, fournit aussi son dénombrement, au duc Robert, de tout ce qu'il a à Demange.

En 1397, Jean de Naives, à cause d'Anne et de Jeanne, ses enfants mineures, issues de feue Marie de Houdelaincourt, sa femme, fournit le dénombrement de tout ce qu'il possède à Gondrecourt, Demange, etc. En 1397, Perrin, seigneur de Ruppes (Vosges), fournit aussi son dénombrement, au duc Robert, de tout ce qu'il tient de lui en fief à Demange, à cause de sa prévôté de Gondrecourt. En 1408, Maisnard d'Aisnes, chevalier, et Marie d'Arrentières, sa femme, produisent leur dénombrement, au duc Robert, de tout ce qu'ils tiennent à Demange. En 1417, Henri de l'Epineaux donne quittance à Geoffroy de Fontenoy, son oncle, au nom du comte de Vaudémont, de la somme de 200 fr., qui lui était assignée sur les villes de Bure, Biencourt et Ribeaucourt. En 1441, nous trouvons des lettres de confirmation de la reine Isabelle d'Anjou, duchesse de Bar, de la vente

(1) Le duc Robert, mort en 1411, à 60 ans, passa et dîna deux fois à Demange, en 1404. La première fois, le 15 juin, en venant de conduire à Lamarche ses deux fils Edouard et Jean de Bar; de Demange, il alla coucher à Tronville. La seconde fois, ce fut le 2 juillet, en revenant de Chaumont, pour terminer certaines difficultés avec le roi de France, au sujet de neuf ménages de Broussey-en-Blois que celui-ci réclamait. (Annales du Barrois, par M. Servais).

(2) D'après M. Servais, il y eut deux Jean d'Arrentières, sous le duc Robert. Le père, qui avait épousé Mahaut, fille de Gauthier de Briey, seigneur de Demange, n'existait plus en 1385. Comme il possédait, par sa femme, la seigneurie de Demange, il la transmit à son fils avec celles d'Arrentières et de Mogneville. Le jeune vivait encore en 1406; il épousa Agnès de Hans, dont il eut une fille, Marie d'Arrentières, mariée à Maisnard d'Aisnes, chevalier (M. Servais, tome II, p. 102).

faite par Ferry d'Aisnes, seigneur de Mognéville, et Nicole de Landres, sa femme, à Vauthier Pierrejus, dit Credo, demeurant à Vaucouleurs, de ce que ce même Ferry possédait à Demange et dont il avait fait hommage à Isabelle. En 1456, ce même Pierrejus, dit Credo, écuyer, fournit son dénombrement de tout ce qu'il posséde à Demange et autres lieux. En 1460, il y a à Demange jusqu'à cinq seigneuries, appartenant la première, à Pierre de Bauffremont, chevalier, la deuxième, au comte de Ligny, la troisième, à Vauthier de Prétois, la quatrième, au domaine de Gondrecourt, et la cinquième, aux religieux d'Evaux, qui ajoutent, à cette occasion, que « par là on peut voir que, depuis la fondation de leur abbaye, ils ont toujours été seigneurs, en partie, de Demange (1). » En 1460, nous trouvons rapportée une sentence de l'Election de Langres, à propos des aides, ordonnées pour la guerre, le 8 juillet, dans laquelle il est dit qu'à cause des seigneuries qu'ont à Demange, le roi de Sicile et Pierre de Bauffremont, les habitants jouiront à l'avenir des mêmes privilèges et franchises que ceux de la châtellenie de Gondrecourt. En 1468, François de Joinville, écuyer, reprend en fief Demange-aux-Eaux. En 1472, Vincent de Saint-Ouen, seigneur de Demange, trahit le roi de France Charles VIII, pour prendre le parti du duc de Bourgogne. La même année, le duc René lui accorde des lettres de permission pour que ses sujets de Robert-Espagne et de Beurey, puissent se marier et aller demeurer à

(1) Cartulaire, p. 156.

Demange, sans appartenir à d'autres seigneurs qu'à lui. En 1487, Jean de Verrières fait la reprise des seigneuries d'Amanty et de Demange. La même année, Vincent de Saint-Ouen, seigneur de Demange, fournit son dénombrement, de tout ce qu'il tient en sa prévôté de Gondrecourt. En 1529, Jean de Cuzance, bailli de la Montagne, fournit également son dénombrement au duc de Lorraine, de tout ce qu'il tient à Demange, à cause de la prévôté de Gondrecourt, d'Edme de Lenoncourt, sa femme.

En 1556, Jean de Baugis, écuyer, et Réné d'Alichamps, produisent leur dénombrement des terres et seigneuries de Demange, à cause de Louise de Provenchères et de Claude de Provenchères, leurs femmes; ils accordent aussi aux habitants la permission de prendre le bois mort, pour leurs affouagies et nécessités, dans les bois du dit lieu (1). En 1574, Jean de Mont, écuyer, fournit son dénombrement, à cause de Claude de Provenchère, sa femme, au Duc de Lorraine, pour la terre et seigneurie de Demange. Dès 1570, nous le trouvons seigneur de Demange, avec son beau-frère, M. de Montaignon, qui est marié à demoiselle Louise de Provenchères (2).

Ces seigneurs, ainsi qu'on le lit au coutumier qui se trouve à la mairie de Demange, passent une transaction avec les habitants, qui, ayant voulu s'approprier certains bois de leurs seigneurs, avaient été condamnés, par le baillage et le parlement, à payer des frais considérables. Ils conviennent alors

(1) Nous avons vu plus haut que les habitants avaient aliéné une partie de leurs bois à Jean de Cuzance, leur seigneur.

(2) Ces dames avaient été remariées, sans doute.

avec leurs seigneurs, que, moyennant la coupe du bois de Woicheran, qui leur sera cédée pendant un an, les seigneurs paieront tous les frais du procès, à condition qu'à l'avenir les habitants n'élèveront plus de contestations relativement à ces bois, qu'ils reconnaissent bien ne pas leur appartenir. En 1603, on trouve, au même coutumier, le dénombrement des seigneurs et de la seigneurie de Demange, fait par les ordres de François de Circourt, écuyer, marié à demoiselle Gabrielle du Lucques, de Jean de Circourt, aussi écuyer, marié à demoiselle Jeanne de Saint Martin, et de noble Claude Humbert, marié à demoiselle Isabelle de Saint Martin, tous trois seigneurs de Demange par indivis (1). Dom Calmet ajoute que, « le 8 novembre 1605, François de « Circourt, *sieur* de Villers-la-Chèvre et Gabrielle « du Lucques, son épouse, vendirent à Simon d'Fne- « court, *sieur* de Vaux-la-Grande, Souilly et Brous- « sey et à Barbe de Burges, sa femme, moitié « entièrement, par indivis et partageable avec Jean « de Chevrières et Claude Humbert, *sieurs* de « Demange, à cause de Jeanne et Isabelle de Saint « Martin, leurs femmes, comme filles de feue Elisa- « beth du Lucques, pour l'autre moitié de Demange, « pour 24,000 fr. Barrois. » En 1606, le duc Charles III donna à son fils, François, comte de Vaudémont, moitié de la seigneurie de Demange, avec Gondrecourt. Il avait acheté cette moitié au sieur de Circourt, le 15 avril, même année. Aussi trouvons-nous à cette date une sentence du lieutenant du

(1) Nous citerons plus loin ce curieux document.

bailli du Bassigny, au siège de Gondrecourt, prononçant le retrait féodal de la seigneurie de Demange contre Simon d'Ernecourt, sieur de *Rumicourt*, au profit du duc de Lorraine, sur la requête du procureur général au baillage de *Bassigny* (1).

En 1611, nous trouvons un dénombrement de Claude Humbert, seigneur de Frescourt (2) et demeurant à Demange, pour ce qu'il tient en fief de François de Lorraine, marquis d'Hattonchâtel, comte de Vaudémont, à cause de son château de Gondrecourt, du 1\|3 en un gâgnage sis à Baudignécourt. En 1613 (16 janvier) nous trouvons une transaction passée entre François de Circourt, seigneur de Demange en partie, et Claude de Saint-Claude, écuyer, aussi seigneur de Demange, pour un 1\|4 de l'usufruit de la dite terre de Demange. La même année, c'est une autre copie de transaction entre Henri de Fourcroy, receveur des domaines du comte de Clermont et Claude de Saint-Claude, écuyer seigneur de Montigny, touchant l'usufruit d'un 1\|3 sur le tout, de la seigneurie de Demange. Même année encore, on trouve relaté un transport fait au *prince* François de Lorraine, comte de Vaudémont, par le sieur Claude de Saint-Claude, du 1\|4 de sa seigneurie de Demange et la procuration d'Antoinette de Boutry, sa femme, pour l'y autoriser. En 1618, nous lisons l'exploit d'une sentence rendue en faveur de Jean de Gyé, comme ayant droit, par transport de Pierre d'Arento et de Hilaire de Provenchères,

(1) Le sieur d'Ernecourt n'avait payé que 12,000 fr. sur les 24,000 qu'il devait.

(2)Village détruit près de l'Abbaye.

demandeurs, pour que Claude de Saint-Claude et Jean Baudin, sieur de La Mothe, soient condamnés à se désister et à se départir des terres de Robert-Espagne et de Demange, meubles et autres biens, de la succession de Louise de Provenchères.

En 1625, on trouve les exploits des criées du demi-quart de la seigneurie de Demange, acquise du sieur Georges de Vouthon et de demoiselle Jeanne de Saint-Martin, son épouse (1), et, en 1627, la vente par ce même sieur de Vouthon, demeurant à Marson, au duc François, de ce 1/8 de la seigneurie de Demange, moyennant 12,000 de principal et 500 fr., pour le chaperon, à la demoiselle épouse du dit Vouthon; vient ensuite la teneur de la procuration du duc François à Jean Gourdot, procureur fiscal en la châtellenie de Gondrecourt, pour accepter la vente en son nom (23 décembre 1626), puis la ratification de la vente par demoiselle Jeanne de Saint-Martin, du 1er janvier 1627, et enfin la procuration de Georges de Vouthon à la demoiselle de Saint-Martin, de fin de décembre 1626, pour ratifier la vente. Cette demoiselle de Saint-Martin avait passé une obligation de 100 fr., sur parchemin, au profit d'un nomme Raulin de Demange, obligation que celui-ci vend au duc François.

Apparemment la famille de Circourt, en quittant Demange, alla se fixer à Abainville; en tout cas, elle en est seigneur, en 1664, et en 1710, nous trouvons, dans les registres de Demange, le mariage

(1) Celle-ci remariée sans doute, après la mort de Jean de Circourt.

de Jean-Baptiste de Circourt, capitaine au régiment de cavalerie de Rotembourg, seigneur d'Abainville et d'une partie des halles de Gondrecourt, avec Mlle Marie Anne Nicole de *Frenet* de Fontenet, fille de Nicolas de *Frenet* de Fontenet, seigneur de Demange, comme nous le verrons plus loin. Ce mariage est célébré par M. Nicolas de Circourt, chanoine de l'illustre Eglise de St-Dié, probablement oncle de l'époux. En 1712, naît de Jean-Baptiste de Circourt et de son épouse : Anne Florence de Circourt, baptisée à Demange le 6 octobre, et ayant pour parrain M. Robert de Ville-en-Faigne, chanoine de Lorraine, et pour marraine Mlle Anne Florence de Fontenet, sa tante. Les Circourt sont restés seigneurs d'Abainville et de Gérauvilliers jusqu'à la Révolution.

Les Stainville, qui dès 1364 possédaient la seigneurie de ce nom, près de Ligny (1), sont seigneurs de Demange en 1628. A cette date, nous trouvons le dénombrement que donne René de Stainville, au duc de Lorraine, de tout ce qu'il possède à Demange, savoir le quart et demi des terres, seigneuries et assises, qu'il déclare tenir en fief du duc François. Il avait acquis ces domaines du vicomte de Lignon, baron de Tréveray et autres lieux. En 1654, Charles de Stainville-Chabot, probablement fils du précédent, est baron et seigneur de Demange, et il a pour épouse D[lle] Christienne de Choiseul. En 1664, il fait lui-même son dénombrement de la seigneurie

(1) D'après la géographie de la Meuse. — La maison de Stainville portait « d'or à la croix ancrée de gueules ».

de Demange pour 1/4 et demi, qu'il avoue aussi tenir en fief du duc François. En 1654, il a un fils : Joseph Louis, né et baptisé à Demange, ayant pour parrain Louis de Choiseul, baron de Beaupré et de Demange. Charles de Stainville a une autre enfant, qui n'est pas signalée dans les registres : Dlle Anne de Stainville de l'Isle-Adam, comtesse et chanoinesse de la célèbre abbaye de St-Romaric de Remiremont, et qui figure très souvent comme témoin dans les registres. En 1697, Charles de Stainville a un autre fils encore : Etienne, né et baptisé ici, ayant pour parrain Etienne de Choiseul-Beaupré, marquis de Stainville. C'est, pensons-nous, pour cet Etienne de Stainville, que, d'après Dom Calmet, le duc Léopold érigea un fief à Demange, en 1718 (1) ; en tout cas, en 1719, nous trouvons un *accensement* fait à Etienne, comte de Stainville, bailli des Vosges, des justices, seigneuries, domaines et droits domaniaux de Demange, moyennant la somme de 2,500 francs de cens annuel (2). En 1724, Demange est érigé en baronie en faveur du marquis de Stainville (3), le même probablement qui, en 1750, est seigneur de Demange avec le roi de Pologne (4).

Cette famille de Stainville n'avait pas que le fief de Demange, car en 1719, nous voyons Beurey-sur-Saulx

(1) Ce fief (d'après le Pouillé de Toul de 1711) datait de 1712 et consistait en 400 jours de terres, jardins, prés et chenevières à Demange, et en 50 jours de même nature à Baudignécourt. Le marquis de Stainville les avait achetés à la veuve et aux héritiers de M. de Fontenet, mort en 1712. (Cour des comptes de Bar, n° 145).

(2) Layette Gondrecourt III, n° 36.

(3) Cartulaire d'Evaux.

(4) Titre particulier.

érigé en baronnie, en faveur de Jean François de Stainville. Nous trouvons, de même, la seigneurie de Stainville érigée en marquisat, en 1722, sous Etienne de Stainville, le dernier de cette famille, est-il dit, qui institue son neveu, François-Joseph de Choiseul, son héritier. En 1727, Couvonges est érigé en comté, en faveur de Diane de Beauveau, veuve de Charles de Stainville. En 1748, par lettres patentes, datées de Versailles, Louis XV donne à Etienne de Stainville-Choiseul, marquis de Stainville, la baronnie de Beurey, la terre de Mussey et la seigneurie de Bazincourt, puis il érige Stainville en duché-pairie, ressortissant directement du Parlement de Paris, et, en 1758, Mussey et Beurey sont réunis au duché de Stainville (1). Les Stainville figurent encore à Demange en 1790, dans des titres de vente.

La famille de Choiseul paraît dès 1287 à Guerpont, où Jean de Choiseul, chevalier, qui en est seigneur, vend ce fief à Thiébaut, comte de Bar. Au 16e siècle, la seigneurie de Creüe, près de Saint-Mihiel, appartient aussi aux Choiseul. En 1652, nous les trouvons seigneurs de Sorcy, où l'on voit François de Choiseul, et Marguerite de Florainville, son épouse, fonder les religieuses de Sainte-Claire. Beaucoup de membres de cette illustre famille ont leurs tombeaux dans les églises de Sorcy et de Saint-Martin, son annexe. En 1654, Charles-Joseph-Louis de Choiseul est baron de

(1) Géographie de la Meuse *(passim)*.

Beaupré et de Demange (1), il est marié à dame Marie-Jeanne Lebrun, qui signe désormais : « de Brun ». C'est lui qui, en 1654, est parrain de Louis-Joseph de Stainville, dont il a été parlé. Il est mort à Demange et a été enterré dans la chapelle du Rosaire, le 26 décembre 1686, à 72 ans, en présence du baron de Stainville et de Mme de l'Isle-Adam, chanoinesse de Remiremont. En 1665, nous trouvons aussi comme seigneur de Demange, Etienne de Choiseul-Beaupré, qui, en 1697, signe « marquis de Stainville », quand il est parrain d'Etienne de Stainville, comme nous l'avons vu plus haut. Mais nous n'avons point pu savoir à qui il était marié. En 1722, François-Joseph de Choiseul est baron de Bazincourt et marquis de Stainville, et, en 1713, M. Charles-Joseph de Choiseul, fils de Charles-Joseph-Louis de Choiseul et de dame Marie-Anne Lebrun, est seigneur de Demange. C'est pour lui, probablement, que le duc Léopold érigea Demange en baronnie le 8 février 1724, comme nous l'avons dit, car il signe : « Marquis de Stainville ». C'est probablement lui aussi qui, en 1761, porte le titre de lieutenant des armés du roi, et figure comme seigneur de Demange dans un titre particulier, où il est dit que « M. de Choiseul est seigneur pour un quart et demi, et le roi de Pologne pour la moitié et demi quart de la seigneurie de Demange » (2). C'est aussi

(1) Beaupré près de Chassey, probablement, car les Choiseul y ont leurs tombeaux ainsi qu'à Luméville.

(2) Sous ce M. de Choiseul, en 1761, nous trouvons le personnel suivant des employés du château : un sieur Thomas est concierge, Pierre Bourotte portier, Jean Morel jardinier et Louis Lapanne l'aîné, fermier des domaines de Demange, appartenant

un des descendants de ces Choiseul-Stainville qui fut ministre et duc sous Louis XV, mais il n'est point né à Demange, comme on le prétendait. Cet Etienne de Choiseul-Stainville, d'après l'histoire, serait né, le 28 juin 1719, en Tourraine et aurait épousé Mlle de Crozot, personne pleine de vertus et d'esprit. Il fut ambassadeur à Rome et à Venise, puis ministre des affaires étrangères et Pair de France, enfin ministre de la guerre et de la marine. Il avait su gagner toute la confiance du roi, mais il fut révoqué par les intrigues de la du Barry à qui il n'avait pas su plaire. Après sa disgrâce, il se retira dans son château de Chante-Loup, près de Tours, et vint mourir à Paris en 1785. C'est ce ministre, croyons-nous, qui figure comme parrain à Demange, en 1740, avec Mme de Hautfort de Thémines et qui signe : « Etienne de Choiseul, marquis de Stainville ».

Il y eut, comme on le voit, de nombreuses alliances entre ces grandes familles de Choiseul et de Stainville, ainsi qu'entre les familles de Chabot et du Hamel, car, en 1726, nous trouvons dans les registres une dame du Hamel qui signe comme marraine, avec le marquis de Stainville, et, en 1783, elle signe de nouveau, comme témoin et parente, dans l'acte de la sépulture de madame la marquise de Stainville-Chabot, haute dame de Demange, qui fit ici une fondation en 1722 et qui fut enterrée, dans la chapelle des seigneurs, à l'âge de 67 ans.

au roi et à M. de Choiseul. (Titre particulier.) Les Choiseul portaient : d'azur à la croix d'or, cantonnée de vingt billettes de même, cinq en cinq, en sautoir, en chaque canton ». Certaines branches portaient 18 billettes. (Dom Pelletier, *nobiliaire.*)

En 1645, nous trouvons, comme seigneur de Demange, en même temps que les Stainville et les Choiseul, M. Charles de Hétaux de Nuisement, marié à demoiselle Marguerite du Corail, morte et enterrée ici, dans l'église, le 16 janvier 1728, à l'âge de 86 ans. Mademoiselle Marie-Anne de Hétaux de Nuisement, probablement leur fille, est mariée à M. Jean de Laroche-Cousseaux, capitaine au régiment de Champagne (1). En 1671, elle a un fils : Joseph, né et baptisé à Demange, ayant pour parrain Charles de Nuisement et pour marraine demoiselle Anne de Stainville de l'Isle-Adam, chanoinesse du chapitre noble de Remiremont. En 1685, naît à Demange : Claude-Hyacinthe, fils de Charles de Nuisement et de Marguerite du Corail. En 1711, demoiselle Louise de Nuisement, seconde fille de Charles de Nuisement et de Marguerite du Corail, se marie à M. François Dubreuil de la Brossardière, fils de François Dubreuil de la Brossardière et de demoiselle Henriette du Mion (M. Charles de Nuisement est porté comme défunt dans l'acte de mariage de sa fille). En 1713, mademoiselle Louise de Nuisement a un premier fils : Gabriel-Hyacinthe, né et baptisé ici, ayant pour parrain M. Gabriel du Mion et pour marraine mademoiselle Anne de Stainville, chanoinesse de Remiremont. En 1715, Louise de Nuisement a un second fils : Gabriel-

(1) Un descendant des Laroche-Cousseaux, Jacques, capitaine au régiment de Cambrésis, habitait Marson en 1720 et était beau-père de M. Charles de l'Epineaux, propriétaire à Demange en 1753, comme nous le dirons. C'était probablement un descendant de l'ancien seigneur d'ici : Gauthier de l'Epineaux.

Charles, baptisé ici le 18 juillet, ayant pour parrain M. Gabriel Mangeot, son oncle, avocat du roi à Gondrecourt, et pour marraine, mademoiselle Anne de Stainville, la chanoinesse. En 1714, mademoiselle Marie de Nuisement, troisième fille de défunt Charles de Nuisement et de dame Marguerite du Corail, se marie à M. Gabriel Mangeot, avocat à Gondrecourt. C'est M. Masson, curé du lieu, qui vient faire le mariage à Demange. En 1760, mademoiselle Louise de Nuisement, épouse de François Dubreuil de la Brossardière, meurt à 80 ans à Demange, où elle est inhumée dans l'église. En 1791, les Nuisement figurent encore ici, dans des titres d'héritage.

En 1680, la famille de Frenet de Fontenet habite Demange, dont Claude-Nicolas de Frenet de Fontenet est seigneur en partie, ainsi que de Baudignécourt. Il est conseiller du roi et commissaire des guerres pour le service de Sa Majesté. Il a pour épouse demoiselle Catherine de Ville-en-Faigne. Ce seigneur réunit à Demange un grand nombre de propriétés et notamment celles de M. de Vidampierre, de M. de Nuisement et d'un sieur de l'Épine Saint-Germain, seigneur de Baudignécourt. M. de Fontenet a pour enfants : 1° Demoiselle Marie-Anne-Nicole, mariée en 1710, comme nous l'avons dit, à M. Jean-Baptiste de Circourt. 2° Demoiselle Anne-Florence, née et baptisée à Demange, le 18 novembre 1689, ayant pour parrain M. André Galhant, avocat au conseil du Roi, et pour marraine mademoiselle Anne de Stainville, chanoinesse de Remiremont. 3° M. Claude Nicolas, capitaine d'infanterie, mort ici en 1711, à

21 ans, et enterré dans la chapelle castrale en présence de Jean-Baptiste de Circourt, son beau-frère. 4° Nous trouvons encore, dans les registres, un François de Fontenet, qui signe comme parrain, avec Anne-Nicole de Fontenet, dans les années 1703, 1708 et 1715, et qui doit être aussi fils de M. Claude-Nicolas de Fontenet; mais il est impossible de suivre sa trace. En 1712, M. Claude-Nicolas de Fontenet, seigneur de Demange, meurt à Abainville, chez son gendre, le 15 septembre, à l'âge de 58 ans ; on le ramène à Demange pour l'inhumer dans la chapelle des seigneurs, en présence de Jean-Baptiste de Circourt et de François Dubreuil de la Brossardière, ses gendres. (Les de la Brossardière figurent encore ici, en 1780, et les de Fontenet en 1789, comme propriétaires d'héritages.)

Vers 1761 ou 1762, M. François Bouchon des Hurault, baron de Demange, marié à D^lle^ Madeleine Guéry, achète la seigneurie au marquis de Stainville-Choiseul, et en est possesseur jusqu'en 1768, époque où il la revend à M. le marquis de Castéja. En 1764, il pose la première pierre du pont Lejuste, ainsi qu'on le lit à la 8e assise de la 1re arche de ce pont, du côté nord du village. Ce seigneur et sa femme furent très bienfaisants et fondèrent à Demange des écoles gratuites pour les filles, ainsi que nous le verrons ; leurs ancêtres y avaient déjà eux-mêmes établi un hôpital.

En 1768, M. Biandos Alexandre, marquis de Castéja, rachète le fief de Demange au sieur Bouchon des Hurault. Il a pour épouse D^lle^ Louise-Charlotte de Pleuge, marquise de Castéja. Le 4 février

1778, elle a un fils : Thimoléon-Constant-Alexandre, qui a pour parrain M. Claude Desjardins, comte de Gérauvilliers, et pour marraine Aimée Lecomte, son épouse, comtesse de Gérauvilliers. La même année, le 7 février, meurt, à 34 ans, Mme la marquise de Castéja et on l'enterre dans la chapelle des Seigneurs. (Dans l'acte de sépulture, le marquis est désigné comme seigneur de Tréveray, de Demange et de Baudignécourt.) Devenu veuf, le marquis de Castéja (1) revendit la même année 1778, le 23 décembre, son domaine de Demange et de Baudignécourt à Mme de Saint-Blaise, qui, en 1777, produit son dénombrement, que l'on trouve aux archives de Bar. En 1787, le 8 janvier, Mlle Emélie-Charlotte de Tauriac, fille mineure de Joseph-Eugène de Boyer de Castenet, marquis de Tauriac, et de dame Anne-Henriette-Charlotte-Almodie de Livron de Saint-Blaise, de la paroisse de Vreisse, diocèse de Montauban, et de celle de Demange, se marie à M. Nicolas des Marets de Pâlis, chevalier, capitaine commandant au régiment de dragons de La Roche-Foucault, fils de Nicolas des Marets, seigneur de Pâlis et autres lieux en Champagne et de Chardogne en Barrois. Le mariage est célébré à Demange par M. de Cheppe, chanoine du chapitre noble de Saint-Maxe, de Bar-le-Duc.

D'après la tradition du pays, à la veille de la

(1) Il se retira à Tréveray dans son château, qui existe encore, sous le nom de Pavillon. Il maria sa fille au marquis d'Andelard, qui fit bâtir un autre château, dont les débris subsistent aussi et qu'habita son fils, maître de forges, marié à Mlle Marquis, de Brieulles-sur-Meuse. Ils quittèrent le pays, vers 1849, après une liquidation qui laissa des ruines dans le pays.

Révolution, Mme de Saint-Blaise, vexée de certains procédés peu délicats de quelques habitants qui, entre autres, avaient osé tirer sur ses pigeons (c'était, paraît-il, ceux qu'elle avait nourris et habillés) et ne se croyant plus en sûreté à Demange, échangea son fief contre celui de Dommartin, près de Pont-à-Mousson, appartenant au sieur de Bassompierre; elle s'y retira, après s'être sauvée nuitamment de Demange, accompagnée d'un fidèle serviteur, qui paya de sa vie son dévouement. Chassée ensuite de Dommartin par la Révolution, elle s'en serait allée à Vitry-le-François, où elle est morte (1). Quand il s'est agi, en 1790, de souscrire pour payer la dette de l'Etat, Mme de Saint-Blaise déclara : « Qu'elle payait à Changy, où elle avait sa terre, et qu'elle devait celle de Demange; qu'elle en payait les rentes et qu'elle ne voulait rien payer au dit Demange, quoique la municipalité ait été lui demander même dans son château ».

Vers 1791, sans doute, le marquis de Bassompierre vint habiter le château de Demange, en qualité de seigneur, mais ce fut pour peu de temps, car, la Révolution ayant éclaté, il émigra et tous ses biens furent vendus au profit de la nation, ou plutôt de quelques particuliers (2).

En 1783, conjointement avec Mme de Saint-Blaise, M. Claude-Henri-Hercule-Joseph de Lur, marquis de Saluces et de Montferrat, maréchal des camps et

(1) Les Saint-Blaise étaient de Champagne et portaient dans leur blason : « d'azur à la pointe de giron d'argent ».

(2) Les Bassompierre étaient originaires du Barrois et portaient : « d'argent à 3 chevrons de gueules ».

armées du Roi, mais demeurant à Paris, est seigneur du domaine royal à Demange. Louis XVI, sur sa requête, lui avait cédé son domaine de Gondrecourt et de Demange, pour remplacer une rente de 6,000 livres, constituée, en 1580, en faveur d'Auguste de Saluces, son aïeul, en même temps que pour récompenser les services personnels de M. le marquis de Saluces et ceux de ses ancêtres qui s'étaient distingués et dévoués au service de la France dans maintes circonstances, et notamment au siège de La Rochelle, où ils avaient équipé une flotte à leurs frais (1).

(1) La description de ce domaine, faite en 1759, ainsi que la lettre de Louis XVI le conférant, en 1783, au marquis de Saluces, nous ont été fournis par un registre du domaine qui se trouve au bureau de l'enregistrement de Gondrecourt. Nous y avons appris que le domaine royal de Demange se composait de 7,482 verges de terre, de 6,250 verges de prés, d'une chenevière d'un quartier et d'un jardin verger appelé la Hotte, contenant un demi-jour.

Nous y avons trouvé aussi que Demange-aux-Eaux était une dépendance de la donation faite en 1307 par Philippe-le-Bel à Edouard, comte de Bar, de la terre et châtellenie de Gondrecourt ; que ce village était composé d'habitants portant différentes dénominations. Les uns s'appelaient « les habitants de la mairie » ; les autres « sujets bourgeois » et payaient 2 francs par an, au Roi et au seigneur, pour ce droit ; les autres « habitants de l'ancienne seigneurie », dont il n'y avait plus, en 1759, qu'un ou deux habitants; et les autres n'avaient d'autre dénomination que celle d'habitants de Demange, sans qu'on ait pu connaître l'origine de ces différentes appellations, que par le Poléum fait pour la terre et dépendances de Gondrecourt, en 1504, par Jean de Gondrecourt, en conséquence des ordres du duc René, roi de Sicile. Il y avait, à cette époque, 44 laboureurs à Demange.

Nous y voyons signalés aussi comme bâtiments appartenant au domaine :

1° Le moulin actuel, en bon état, composé d'un tournant et consistant en deux chambres pour le meunier, une écurie en rabaisse, le moulage, un terrain devant, pour mettre les sacs, et un petit jardin derrière.

Ainsi finit le règne de toutes ces grandeurs mondaines, qui, après avoir jeté un éclat passager, sont allées, comme tant d'autres, s'ensevelir dans la tombe, où leur nom serait resté ignoré, sans cette petite notice destinée à le faire un peu revivre autour d'elles. En tous cas, elles ont pu s'appliquer la parole de Salomon : « Vanité des vanités et tout n'est que vanité, excepté aimer et servir Dieu ».

3° *Des anciennes familles nobles de Demange.* — Outre les famille seigneuriales dont nous venons de faire l'historique, autant qu'il nous a été possible, il y avait ici plusieurs autres familles nobles qui y possédaient des héritages, qu'elles habitassent ou non le pays. C'est ainsi qu'en 1638 nous trouvons le nom de M. François de Brime et le partage des biens de M. Sébastien Husson et de Dame Marguerite Hurault, sa femme, entre Jean et Nicolas Husson et Jacques Cuny, époux de Marguerite Husson. Cette famille avait été anoblie dans la personne de Jean Husson, que nous verrons lieutenant de la Prévôté en 1631. La même année, 7 mars, il avait obtenu le titre de noble, du côté de sa mère, du duc de Lorraine Charles IV, comme étant fils de Sébastien Husson et de Marie Hurault, noble à cause de Jean

2° Une maison appelée « le Grand Four », aboutissant sur la grande rue (c'est-à-dire la rue de la route actuelle) ; elle est louée à Laurent Vincent, pour un cens de 3 livres 17 sols 6 deniers.

3° Une usine publique, derrière le village, près d'une fosse, non loin du chemin de Biencourt.

4° Une masure appelée « Pavillon », dans le pâquis Richier et louée à Jean-Baptiste Viardin, pour un cens de 31 livres, avec le pré qui l'entoure.

Hurault, prévôt de Tréveray, son père, et de ses prédécesseurs, par Mathieu Hurault de Gondrecourt, dont il était fils et dont les titres avaient été établis en 1503, à Bar-le-Duc.

Voici les lettres patentes de Charles IV que nous citons, comme curiosité, plus que comme renseignement : « Reçue avons l'humble supplication... de notre amé et féal lieutenant en la prévosté de Demange-aux-Eaues, dépendant de notre baillage de Gondrecourt, Jean Husson, disant que feue Marie Hurault, sa mère, vivant femme de Sébastien Husson... était procréée et issue de lignée noble, à cause de Jean Hurault..., son père, et que ses prédécesseurs ont tousjours jouy plainement et paisiblement de tous droictz et privilèges de noblesse, comme il nous serait apparu par enqueste faite à la diligence de feu noble Simon Bailly, vivant capitaine de notre ville haute de Bar..., outre que par possession immémoriale et par privilèges octroyés par... nostre... ayeul, le duc Charles..., le treizième novembre mil cinq cents quatrevingt..., il suffit, audit baillage, que l'un ou l'autre de père ou mère soit noble, pour rendre le fruict de la même qualité ; et d'autant qu'iceluy suppliant désirerait de continuer et prendre ladite qualité de noble et jouyr de tous les privilèges et franchises de noblesse dont ses prédécesseurs... ont jouy et jouissent à présent, comme de porter les armes de ladite famille... Sçavoir faisons que... avont ordonnez sur l'exposé en ladite requeste, nous aurions mandé à nostre... lieutenant dudit Gondrecourt... d'informer du droit d'usance observée en la terre dudit Gondrecourt, par lequel on prétend que les enfants de père ou mère noble sont réputez nobles et jouissent des privilèges de noblesse, et si, en ce faisant, ils doivent faire renonciation et quelle elle est, pour lesdites informations faites et envoyées à nostre... Conseiller d'Estat et maistre des requestes ordinaire en quartier, être icelles par luy rapportées en nostre conseil; l'information faitte, ensuitte de notre deccret, par... Jean Gourdot, licentié ez loix, exerceant la juridiction audit baillage de Gondrecourt, du vingthuitième novembre, mil cinq cents quatrevingt, portant l'inthérinement desdites lettres de privilèges concédées par notre dit seigneur et ayeul le duc Charles, le treizième novembre de ladite année, à nos sujets de la terre et prévosté dudit Gondrecourt, de prendre, comme du passé, la noblesse du costé maternel... Avons pour ces causes... déclaré et déclarons... ledit Husson noble et extraict et issu de lignée noble, à cause de ladite déffunte Marie Hurault, sa mère, et en, cette qualité, voulons iceluy estre tenu et réputez tel... et ce nonobstant la rôture dudit Bastien Husson, son père, et les actes que luy mesme en pourrait avoir commis, des quelzitz... l'avons relevé... et, en conséquence de ce, permis et permettons à iceluy de prendre et porter le titre, degré et qualité de noble, du costé maternel (1). »

En 1694, nous trouvons les noms de M. Claude et de D[elle] Marie Jeanne de Brime. Cette dernière fait une fondation à l'église. En 1723, une baronne

(1) Nobiliaire de Dom Pelletier, p. 394.

de Pflug habite Demange, où elle paraît à chaque instant comme marraine. En 1726, M. Nicolas-Joseph Thouand, avocat en la cour souveraine, demeurant à Demange-aux-Eaux, office de Gondrecourt-le-château, obtient permission de prendre le nom et les armes et de suivre la noblesse de sa mère, sans être obligé de céder la succession de son père, ni de payer aucunes finances ni indemnité, par lettres expédiées à Lunéville, le 17 septembre 1726, contenant : « Qu'il est né du mariage de feu Claude Thouand, capitaine des chasses audit Gondrecourt, avec Demoiselle Marie Jeanne Lebrun, originaire d'Artois, qui avait épousé, en premières noces, le sieur Charles baron de Choiseul et avait l'avantage d'être née Damoiselle et descendre d'une bonne famille dont l'ancienneté de la noblesse a été justifiée et reconnue par arrêt de la Chambre du Conseil des Comptes de Bar, du 22 juin 1722 ; que l'exposant se trouvant frère utérin de Charles Joseph, comte de Choiseul, baron de Beaupré, chevalier de Saint-Louis, colonel d'un régiment d'infanterie, pour le service du Roi très chrétien, où il a servi en qualité de Lieutenant et passé pour noble ; que son père ayant toujours vécu noblement, comme l'exposant continue de le faire, n'ayant jamais été compris sur les rôles des charges et impositions publiques, dont son altesse Royale l'aurait affranchi, par décret du conseil du 26 décembre 1703, et même gratifié d'une pension de 200 livres, en considération de ses services, ce serait une grande mortification audit exposant de se voir déchu des droits de sa naissance maternelle (1). »

(2) Titre particulier, extrait des archives de Bar, paraît-il.

En 1730, c'est une Demoiselle Charlotte Duhoux qui meurt, à 75 ans, pour être inhumée dans la chapelle des Seigneurs.

En 1747, M. de Braux, seigneur de Saint-Julien, possède des héritages à Demange. En 1758, M. de l'Epineaux, dont il a déjà été parlé, marié à Demoiselle Rosalie de Laroche-Cousseaux, et receveur des gabelles et halles foraines à Vaucouleurs, est aussi propriétaire à Demange; en 1794, il réside à Toul et y reçoit plusieurs remboursements de différents particuliers de Demange. En 1757, c'est une Demoiselle Marguerite d'Hamilton, comtesse de Marmier, résidant à Toul, qui possède aussi des héritages à Demange, où elle reçoit, en 1780, une somme de 8,000 francs d'un Claude Thouand, probablement son fermier. En 1771, M. Daniel-Joseph de Cotolendy et Jeanne de Mercy, sa femme, demeurant à Ligny, vendent à M. Remy Briot, marchand, un gâgnage sur le ban de Demange, affermé à Pierre Giraudot, laboureur, pour la somme de 250 livres, payées comptant.

En 1772, nous trouvons encore une Demoiselle Marie de Lacombe, habitant Bar, qui vend ses biens situés ici à François Richelot, pour la somme de 467 livres. En 1774, apparaissent encore les noms de MM. de Poncé, de Ligny, de Brunet, de Delouze et de M. de Brochainville.

4° *Des redevances des habitants de Demange.* — Les redevances des habitants de Demange à leurs seigneurs étaient, en 1790, d'environ six mille livres. La communauté de Demange, réunie le 18 juillet de cette même année, au sortir de la messe, devant l'église (1), avait voulu se soustraire aux droits d'arrage (2) envers ses seigneurs et avait envoyé un refus collectif, signé du conseil des prud'hommes et des chef de famille de la communauté, au district de Gondrecourt, s'appuyant pour refuser ce droit, sur ce que madame de Saint-Blaise n'avait jamais voulu leur montrer ses titres à ce sujet. Mais M. Jean-Baptiste Viardin, admodiateur de ces dîmes pour madame de Saint-Blaise et pour M. de Salnecs, concessionnaire de celles du Roi, réclame contre cette mesure des habitants, que le district oblige à payer, en leur lavant la tête, ainsi qu'au conseil, dont il casse la délibération intempestive, vu que, d'après le décret de l'assemblée nationale, ces droits devaient être rachetés, à moins de pouvoir prouver qu'ils n'appartenaient pas aux seigneurs.

Les redevances dues à Mme de Saint-Blaise étaient de deux mille six cent-soixante six livres et huit chapons par an. Celles dues au domaine royal étaient de deux mille deux cent vingt-six livres, et enfin celles dues aux religieux de l'abbaye étaient d'environ seize cents livres de France, y compris le poisson, qui était de 25 livres par an. C'étaient les fermiers de ces dîmes qui devaient payer ces redevances aux seigneurs (3).

(1) C'était là, sous l'orme ou le tilleul traditionnels, que se tenaient autrefois toutes les assemblées de la communauté.

(2) Ce droit consistait dans la perception du vingt-troisième des fruits, dans certaines contrées. Madame de Saint-Blaise y avait droit pour trois huitièmes et le Roi pour le reste.

(3) Estimation faite au district de Gondrecourt en 1790. — Les contributions des habitants de Demange en 1802, furent de

5°. — *De la prévôté de Demange et de ses employés.* — Il y avait à Demange, comme dans toutes les localités de cette époque où les seigneuries étaient importantes, une Prévôté, c'est-à-dire un tribunal de haute, moyenne et basse justice, qui subsista jusqu'à la révolution. Au moment de la Terreur, on réclama tous les papiers du greffe, qui furent envoyés à Vaucouleurs. Toutefois nous avons pu en retrouver quelques-uns qui nous ont convaincu, en les parcourant, qu'à cette époque, les délits et les crimes même étaient passablement nombreux, surtout dans les derniers moments de l'ancien régime, à cause de l'esprit d'impiété qui fermentait déjà dans les esprits et dans les cœurs, et qui amena la révolution sanglante de 1793.

Ce tribunal, qui était au service du roi, pour moitié et demi-quart, et au service des seigneurs, pour un quart et demi, employait une foule de fonctionnaires, dont nous avons recueillis quelques noms, de ceux du moins qui étaient au service des seigneurs (1).

Nous allons les énumérer par ordre chronologique, comme nous les avons trouvés dans les registres.

En 1631, Jean Husson, noble, est lieutenant de la prévôté, et M. Nicolas Hacquin en est greffier. En 1645, M. Gérard Thomas est procureur fiscal. En 1670,

huit mille huit cent quatre-vingt-dix-huit francs, et, en 1803, de huit mille neuf cent vingt-huit francs (Registres municipaux).

(1) La justice s'exerçait au nom du roi, par la prévôté de Gondrecourt, pendant sept mois et demi, et par les officiers des seigneurs, à Demange, pendant quatre mois et demi. La contrée où était dressée la potence, pour les exécutions capitales, porte encore ce nom et se trouve sur Azois.

4

M. Nicolas Parmentier est procureur, et M. Nicolas, Mourot, sergent, jusqu'en 1690. En 1680, M. Claude Thouand, époux de Jeanne Mitton, est procureur et M. Jean Thouand, greffier, jusqu'en 1683, où il devient procureur, pour mourir en 1685, âgé de 36 ans. En 1683 aussi, M. François Richelot est prévôt (1), et M. François Jeannot, greffier. En 1685, M. Houzelot est procureur, et M. Claude Vignerelle, greffier. En 1690, M. Vignerelle devient procureur. En 1698, M. Nicolas Parmentier est prévôt, et M. Jean Bailly, greffier, jusqu'en 1715. La même année 1698, M. Pierre Thouand est procureur, jusqu'en 1708. En 1708, lui succède M. Pierre Maury. En 1710, M. Léchaudel est procureur. En 1717, M. Claude Varinot, d'instituteur devient greffier. En 1728, M. Louis Rousselle, écuyer, est avocat, gruyer, prévôt et chef de la police, jusqu'en 1736. En 1749, M. Charles Bertin est procureur, Jean Lapanne, greffier, et un appelé Bailly, sergent. En 1753, jusqu'en 1769, M. de Curel, seigneur de Tourailles est prévôt, et M. Nicolas Gendarme, greffier. De 1769 à 1772, M. Poiresson est prévôt, M. Bouchon des Hurault, baron de Demange, procureur, et M. Jean-Baptiste Viardin, greffier. En 1772, M. Claude Lapanne est lieutenant de prévôté, et M. Joseph Lapanne, greffier. En 1783, M. le Déchaux est procureur fiscal, et M. Viardin, greffier ; ils y sont restés proba-

(1). Ce prévôt, ayant un jour été laissé pour mort, sur le chemin, par quatre individus qui l'avaient attaqué, obtint un bref d'excommunication de l'Official de Bar, représentant l'évêque de Toul. Ce bref fut publié au prône de la messe paroissiale de Demange, pendant trois dimanches, afin d'arriver à la découverte des coupables.

blement jusqu'à la première République, sous laquelle, en 1792, M. Viardin est devenu vice-président du Directoire de Gondrecourt. A la même époque, nous trouvons Demange possédant une justice de paix, comme chef-lieu de canton ; mais ce n'est que par hasard que nous avons pu découvrir le nom de deux de ces juges, MM. Bertrand et Thierry, car il ne reste rien ici des papiers du greffe de cette époque.

III

DES ANCIENNES FAMILLES DE DEMANGE. — DE L'HÔPITAL ET DES ÉCOLES DE DEMANGE. — DU CHATEAU DE MONTFORT ET DU FIEF DE SAINT-MARTIN. — DES FRÈRES CONVERS DE FONTENOY ET DE PLEIN-LIEU. — DES MALHEURS DES HABITANTS DE DEMANGE.

1° *Des anciennes familles de Demange.* — Nous allons d'abord citer, comme une curiosité rare, les noms de tous les chefs de famille, en 1570, tels qu'on les trouve au coutumier de la mairie, lors d'une transaction avec leurs seigneurs de cette époque, et, comme rien n'est indifférent, lorsqu'il s'agit des ancêtres, nous relâterons ensuite tous ceux d'entre eux qui se sont signalés, à un titre quelconque, dans le passé.

Voici les chefs de famille de 1570 : Didier Magnier ; Etienne Parmentier (échevins) ; Florentin Rollot ; Blaise Toussaint ; Claudin Galham ; Jean Vincent ; Colas Simon ; Thénod-Basquin ; Jacob Bourotte ; Colas Mahaut ; Jean Bertin ; Nicolas Petit ; Jean Pâris ; Colas Thénot ; Le Fleury le jeune ; Quentin-Petit ; Gérard Bataille ; Bastien Petit ; Colas Bertin ; Bertin Pasquy ; Colas Bertin ; François Pasquy ; Gille Didelot ; Antoine de d'Hun ; Jeannette Pigeon ; Jean Galham ; Jacob Bataille ; Jean Rollot ; Jean Langlois, l'aîné ; Jean Philippe ; Gérard Bertin ; Jean Bertin ; Richier-Bourrotte ; Jean Petiot ; Simon, l'aîné ; Husson-Langlois ; Colas Didier ; François Normand ; Didier-Suisse ; Claudin Normand ; Bertin-Husson ; Marguerite, veuve Laurent-Rollot ; Rollot-Rollot ; Gérard Baudignécourt ; Bastien Pâris ; Jacob Claudin ; Colas Feuillet ; Colas Lallemand ; Colas Lefèvre, l'aîné ; Florentine, veuve Vautrin-Petit ; Nicolas Lallemand, le jeune ; Nicolas Houzelet ; Clément Douvez ; Etienne Bertin ; Jean François ; Rémy Bolland ; Poirson-Bertin ; Nicolas Poirson ; Martin Renaux ; Martin Pâris ; Claudin Senzer ; Colas Philippe ; Nicolas Mitton ; Simon-Philizot ; Hubert Richier ; Anthoine Bastien ; Jean Morin ; Claudin Cutrizé ; Nicolas Pasquy ; Libaille, veuve Jean Lapanne ; Gérard Michaut ; Pâris-Rollot ; Laurent Martin ; Bastien Husson ; Antoine de Clermont ; Gérard Sybille ; Michaux, veuve de Nicolas Pâris ; Alix, veuve Defert ; Jacob Vieux ; Alexis, veuve Nicolas Mitton ; Jeanne, veuve Gérard Limouzin ; Jean Normand ; Parisse Madavassée ; Florentine Colas ;

François Colas ; Bastien Beljean ; Mathieu Gaugier ; Gérardin Bolland ; tous manants et habitants de Demange.

Voici maintenant ceux des habitants qui ont marqué ici leur passage, à un titre quelconque : En 1526, Nicolas Bataille est condamné à mort et exécuté à Demange pour maléfices et sorcelleries (1). En 1573, Didier Didelot est mis à la torture et pendu aussi, à Demange, pour avoir assassiné sa belle-mère (2). En 1562, Nicolas Mengin et Florentin Lapanne sont échevins de la fabrique. En 1657, Jean Houzelet, curé de Saint-Mansuy-les-Toul, qui nous paraît originaire de Demange, où il est parrain en 1679, fait ici une fondation, pour l'acquit de laquelle il donne à Didier Houzelet, son neveu, une maison et une masure, sises à la rue du Chemin. En 1682, Jean Mengin est syndic de la commune, où il a pour successeur Claude Vignerelle. En 1685, Claude Thouand est capitaine des chasses de Son Altesse Royale ; il se marie en 1690 à dame Marie-Jeanne Lebrun, veuve du baron Choiseul-Beaupré ; c'est son fils Nicolas-Joseph Thouand que nous avons vu plus haut réclamer le titre de noble, en 1726. En 1689, nous trouvons un Jean Guignot, anciennement lieutenant de la prévôté de Demange, faisant un échange de biens avec *noble et honorable* homme Antoine Briot. Ce Jean Guignot, paraît-il,

(1) On sait qu'aux XVe et XVIe siècle, il y eut grande croyance aux maléfices et aux sorts, et, ce qui contribua à affermir cette croyance, ce furent les aveux de beaucoup de condamnés eux-mêmes. (Digot, t. III, p. 189 et suiv.)

(2) Inventaire-sommaire des Archives de la Meuse, par M. Marchal. p. 194.

aurait donné ses biens à l'hospice de Gondrecourt, pour la fondation de plusieurs lits, destinés aux malades de Demange; mais ces droits auraient été perdus à la Révolution. C'est cette fondation, connue sous le nom de « la Charité de Gondrecourt », qui a été vendue en 1842, pour la somme de 200,000 francs. En 1689, aussi, une demoiselle Jeanne Michel-Collin est religieuse au couvent de Notre-Dame de Gondrecourt. En 1698, un Etienne Thouand, vicaire à Poisson, vient faire un baptême à Demange; devenu curé de Broussey-en-Blois, il meurt à 48 ans et on l'enterre ici, en présence de MM. les curés de Houdelaincourt, Delouze, Saint-Joire et de trois religieux de l'abbaye.

En 1706, Pierre Thouand est syndic de la commune, et, en 1709, il est remplacé par François Vignerelle. En 1711, c'est Jean Raulet qui a cette charge. De 1720 à 1725, Jean Lecoq est chirurgien à Demange. En 1725, le fils de Pierre Léchaudel, que nous avons vu procureur fiscal, se marie à Mlle Sébastienne des Bigots, fille de Remy des Bigots et de Jeanne de Massey. En 1733, Jean Laurent, maître d'hôtel de la marquise de Stainville, se marie, après le décès de cette dame, à Louise Compagnon, sa gouvernante. En 1734, François Pierrot est tué, à l'église, à l'âge de 48 ans, par la chute, sur sa tête, du gros poids de l'horloge, le jour de la Conception de la Sainte Vierge. En 1735, Claude Vincent, ci-devant fermier des religieux d'Evaux, meurt âgé de cent ans. En 1736, Jean Mengin, ci-devant garde chapelle de St-Chrystophe de Reffroy, meurt âgé de 80 ans, et, l'année suivante, meurt également Nicolas

Fobert, ex-garde chapelle de Mauvages. En 1749, Louis Lapanne, maire de Demange, est en même temps admodiateur des domaines du marquis de Stainville. En 1753, Joseph Thouand fait un baptême dans sa famille et devient administrateur de Demange, en 1756, sous M. Théry, son curé. En 1756, Jean Baillet, chanoine régulier, fait aussi un baptême ici. En 1758, Jean Thouand, vicaire à Rancourt, vient faire un mariage, dans sa famille. En 1767, Charles Feuillet est maire de Demange. La même année, Marie-Anne Guignot, mariée à M. Plantier, garde du corps du roi de Pologne, meurt à Demange, où on l'enterre. (Elle devait être la sœur de Jean Guignot dont nous venons de parler.) En 1768, Jean ou Joseph Thouand fait le baptême d'un enfant de M. Louis Poix, dont le marquis de Castéja et sa femme sont parrain et marraine. En 1772, Antoine Poix, fils du précédent, se marie à une demoiselle Mourot, de Demange. La marquise de Maipas de St-Amand est témoin du mariage. En 1773, cet Antoine Poix, receveur de M. de Castéja, a un fils dont le marquis et sa femme sont parrain et marraine. En 1774, M. Rousselle, fils probablement de celui que nous avons vu plus haut avocat et chef de la police ici, est curé de Bonnet et propriétaire à Demange. En 1789, Demoiselle Jeanne Lecoq est régente d'école à Houdelaincourt ; elle paraît originaire de Demange, car elle y vend sa maison, située dans la rue du Château, près de l'église, à Claude Simon, sergent d'invalides, marié à Françoise Lecoq. En 1783, un M. Mercier, diacre, fait un baptême, dans sa famille. En 1789, M. Paget, vicaire à Ourches, fait également un mariage, dans sa famille. En 1790, Remy Bertin, maréchal-des-logis de dragons, se marie à Anne Mengin. Enfin, en 1791, Jean-Baptiste Lecoq, fils du précédent, sans doute, est chirurgien à Demange, où il est marié à Demoiselle Jeanne Briot.

2° *De l'hôpital et des écoles de Demange.* — Il y avait ici, avant la révolution, comme dans presque toutes les localités de cette époque, un hôpital, créé le 27 novembre 1701, par suite d'une fondation qui devait avoir été faite par M. Husson et dame Marie Hurault, son épouse. En tout cas, ils en avaient été des bienfaiteurs, car en 1767, nous trouvons une maison, appelée encore *Maison de l'hôpital*, occupée par un Antoine Thomas, qui ne la possède qu'à condition de faire acquitter un obit annuel pour les sus-nommés (1). Mais il nous a été impossible de rien découvrir, ni sur son emplacement, ni sur sa durée, ni sur les causes de sa cessation. Il y avait également autrefois une maison des malades ou maladrerie, dans la contrée appelée « la Voie des Fossés », car en 1285, un nommé Bertrand et Jean, son frère, fils de Gauteret de Demange, échangent une terre, au Val déscrut, contre une autre, dite « Aux Fossés », *derrière la maison des malades.*

Depuis une dizaine d'années, Demange possède une petite pharmacie et une sœur des malades, établis par le bureau de bienfaisance, qui fut créé en 1863, grâce à la libéralité de dame Anne-Louise Richelot, épouse Pitz ; elle donna dans ce but deux

(1) Vieux registre de fabrique.

mille francs à la commune, après en avoir donné autant à l'église pour une fondation.

Demange possédait aussi des écoles, pour chaque sexe, et elles étaient en partie gratuites, au moins pour les filles, peut-être aussi pour les garçons, bien que nous n'ayons rien pu découvrir sur ce dernier sujet. En 1749, une demoiselle Jeanne Charroy est institutrice à Demange, où la commission établie pour la visite des fours et cheminées, lui fait un procès à cause de la saleté de celle de son école, qui se tenait dans la maison de la Brossardière. En 1770 (19 octobre), nous trouvons signalée une fondation, faite par dame Madeleine Guéry, veuve de M. François Bouchon des Hurault, baron et ci-devant seigneur de Demange, pour y instituer des sœurs(1). Ces fondateurs avaient donné une maison pour loger les sœurs et faire la classe, mais la commune refusait de l'accepter, parce que l'entretien de cette maison « toute neuve » était à sa charge. C'est pourquoi, à la donation de la maison, est venue s'ajouter la rente de 15 livres, produit d'un capital de 341 livres 17 sols, donnée annuellement à la fabrique, pour qu'elle se charge des grosses réparations de la maison, ou comme porte l'acte de l'entretien des *vi-*

(1) Ces sœurs se nommaient Catherine et Barbe Godard ; nous les retrouvons aussi en 1787. Elles possédaient des héritages appelés : *La fondation des sœurs.*

(2) Nous avons trouvé, à cette occasion, aux archives de Bar, deux lettres remarquables, écrites à M. de la Galaizière, lieutenant-général de la Lorraine, pour le prier d'autoriser la fabrique à accepter cette fondation, en lui montrant l'avantage immense qui en reviendrait à la commune, pour la bonne éducation de ses filles, « qui doivent le plus contribuer à donner à l'Etat des sujets fidèles et à la société des hommes pour en faire l'honneur, la force et le soutien ». La première, datée de Versailles, est écrite

lains fondoirs (2). Une autre fondation avait été faite aussi à la fabrique, dans le même but, et, en 1767 c'étaient la veuve et les héritiers de Jean Michel qui, par constitution, en payaient la rente. Par contrat, passé le 4 janvier 1789, c'étaient la veuve Charles Feuillet et les héritiers qui devaient une rente de 7 livres 10 sols, à l'école des filles, sous le cautionnement de Charles Richelot. Aussi en 1806, voyons-nous cette veuve payant 24 francs de rentes à la fabrique, probablement pour plusieurs années; en 1812, elle paie 11 francs 60 centimes, et, en 1816, elle renouvelle la même somme, dans le même but (1).

Les sœurs sont restées à Demange, probablement jusqu'à la Révolution, où elles disparurent comme tout ce qui était religieux.

Après la Révolution, des demoiselles Fabry arrivèrent à Demange comme institutrices, et, vers 1810, elles furent remplacées par une Sœur de la Doctrine, de Nancy, dont la maison a toujours occupé le poste depuis. Aujourd'hui, elles sont au nombre de trois, pour les écoles et la pharmacie.

Il y avait aussi des instituteurs à Demange, comme il est facile de s'en convaincre par l'inspection des registres, où ils signaient presque toujours, en qualité de témoins, dans les actes religieux. Comme les registres de Demange ne remontent pas au-delà de 1679, il nous a été impossible de les trouver avant cette époque. Mais il y en avait sûre-

par M. de Monteynard, et la deuxième, datée de Gondrecourt, par M. de Tillancourt.

(1) Vieux registre de fabrique.

ment ici, comme ailleurs, depuis longtemps, car on les rencontre dès le XIIIe siècle dans les campagnes. Le premier dont on trouve le nom, en 1679, est M. Nicolas Rondeau. En 1684, c'est M. François Colombé. En 1702, M. Nicolas Pernot. En 1715, M. Joseph Petitjean. En 1717, M. Claude Varinot, marié à demoiselle Charlotte Husson ; il devient greffier de la prévôté de Demange et y meurt en 1736. M. Petitjean reparait et figure avec un autre Petitjean, probablement son fils, jusqu'en 1774, sous la dénomination de *jeune* et de *vieux*. En 1778, c'est un M. Mengin ; en 1784, M. Nicolas Remy, et en 1790, M. Hubert Bourrelier. Pendant la Terreur, c'est un M. Nicolas Etienne, et, en 1800, MM. Charles et Claude Ragon, père et fils. Le conseil municipal, après avoir agité la question d'acheter une maison d'école, à la privation de laquelle il attribuait l'ignorance des enfants (1), nomme MM. Charles et Claude Ragon aux fonctions d'instituteur et de secrétaire de mairie, et, pour traitement, il leur alloue 150 fr. par an, à condition de remonter l'horloge et de sonner la cloche, selon les besoins de la commune.

Le conseil les autorise, en même temps, à prélever 40 centimes par mois sur chaque enfant écrivain, et 25 centimes sur ceux qui n'écrivent pas encore ; il les charge aussi d'enseigner les filles avec les garçons. Comme il n'y avait toujours point de maisons

(1) Les anciennes maisons d'école avaient été vendues, sans doute, car, pendant la révolution, on tenait les classes dans le château.

d'école appartenant à la commune, en 1838, la municipalité, représentée par M. Jean Pierrot, maire, fit construire, sous la direction de M. Oudet, architecte à Bar, l'hôtel de ville actuel, qui coûta 50,000 francs et qui ne manque pas d'une certaine élégance architecturale. Ce fut vers 1858 que l'on plaça la statue de Jeanne d'Arc sur la fontaine qu'on établit en face de la mairie.

M. Ragon (Claude), nommé instituteur en 1800, exerça ici jusque vers 1835. Ses successeurs sont connus de tous.

8° *Du château de Montfort et du fief de Saint-Martin.* — Il y avait sûrement autrefois un château-fort, au lieu appelé aujourd'hui encore *Montfort*, sur l'éminence qui domine le viaduc construit sur la rivière pour le passage du chemin de fer, à 200 mètres du village. En visitant son emplacement, fait en partie de mains d'hommes, il est facile d'y reconnaître encore la place de ses fossés, de ses tourelles et de ses terrasses fortifiées qui environnaient tous les châteaux-forts du moyen âge et qui faisaient de celui-ci un vrai fort de défense, parfaitement situé pour répondre aux attaques des assaillants, à cause de sa position dominant toute la plaine et protégée par la rivière. Mais quand, par qui et pourquoi fut bâti ce château ? C'est ce que nous ne pouvons dire avec certitude. A-t-il succédé à quelque villa romaine, ou a-t-il été bâti au Xe siècle comme le furent la plupart des châteaux-forts de la féodalité pour résister aux attaques des Normands ? On peut le supposer sans pouvoir l'affirmer. On pourrait même supposer qu'il fut construit par les comtes de Champagne, puisqu'en 1130 il leur appartenait, et qu'il était habité par Ebal, surnommé de Montfort, neveu du comte de Champagne, Thibaut II, comme nous le verrons plus au long en parlant de l'abbaye d'Evaux. Quand ce château fut-il détruit ? C'est ce qu'il nous a été impossible de découvrir aussi ; mais il est probable qu'il le fut au XIVe siècle, pendant la guerre avec l'Angleterre, comme le furent beaucoup de châteaux à cette époque de pillage et de ruines (1). En tous cas, ce château parait exister encore en 1340, car on lit, au cartulaire d'Evaux, que Rodolphe, fils de Gilbert, de Demange, donne aux religieux d'Evaux, à cette même époque, sa part d'un pré *sous le château de Montfort*, tandis que plus tard, quand il en est question, on dit simplement : *sous Montfort*. Quant aux constructions anciennes qu'on accuse, au delà de la prairie, en face de ce château et dont on a trouvé des débris, au lieu dit « *sous Naviaux* », ne seraient-ce pas ceux de la métairie de cette maison-forte qui se trouvait

(1) En 1838, en faisant sur son emplacement l'extraction des pierres pour la maison commune, on y découvrit une petite chambre de 4 mètres de côtés et enfoncée d'au moins 2 mètres, et dont la roche formait le palier naturel. Il y avait encore dans l'âtre-de-feu des charbons de bois, à demi consumés, des terres rouges brûlées, une serrure, une clef et des fragments de couteau de poche. Dans un trou d'une encoignure, on trouva un petit pot de terre contenant près de 150 pièces de monnaie en laiton, très minces et argentées, portant une croix sur la face et au revers des armoiries et des inscriptions qui les firent reconnaître pour des pièces lorraines du XIIe siècle. Un peu plus loin, on découvrit aussi des éperons à larges molettes, en étoile ; puis, plus tard, un squelette enterré dans une position oblique, ayant les pieds enfouis de plus d'un mètre plus bas que la tête, qui n'était recouverte que de quelques centimètres de terre. (M. Bourotte.)

ainsi à proximité et dans la plaine, pour la facilité de l'exploitation (1) ?

Outre ce fief de Montfort, il a dû en exister un aussi au lieu dit « *Saint-Martin* », que longe *la voie des Fossés*, ce qui indiquerait peut-être un ancien château-fort, sur Blémont (Mont de Blois) ou dans les environs. En tous cas, nous lisons au cartulaire, qu'en 1156, Henri, évêque de Toul, confirme les dîmes qu'*Amalaric* donne aux religieux d'Evaux, sur Frescourt et Saint-Martin, de Demange, et, en 1603, nous trouvons les demoiselles Jeanne et Isabelle de Saint-Martin, mariées aux seigneurs Jean de Circourt et noble Claude Humbert qui possèdent, à cause d'elles, la moitié de la seigneurie de Demange, dont François de Circourt vend l'autre moitié 24,000 francs barrois. D'où l'on pourrait peut-être conclure que le fief de Saint-Martin existait encore à cette époque, ou qu'il n'était détruit que depuis peu de temps, puisque ces dames en portent toujours le nom.

(1) En 1842, les terrassiers du canal de la Marne-au-Rhin trouvèrent *sous Naviaux*, enfoui à 1 mètre de profondeur, un fragment de mosaïque en damier, à carrés rouges et blancs, rassemblés entre eux sur une chappe de ciment de 8 centimètres d'épaisseur. Cette plaque, qui avait au moins 35 centimètres sur ses faces, à peu près égales, affectait une forme carrée. On trouva aussi des éclats de carreaux rouges, en terre cuite, fine et bien lissée dans les dessus ; çà et là épars encore d'autres débris informes de pierre tendre, de Savonnières. De l'autre côté de la prairie, tout vis-à-vis et sous Montfort, en faisant une coupure de déviation à la rivière, pour établir le viaduc du chemin de fer, on découvrit en outre deux grands pins, enfouis au moins à 2 mètres 50 de profondeur, dans des terres alluviennes, recouvrant l'ancien lit de la rivière. Une de leurs pommes et du bois de leurs racines étaient presque pétrifiés. (M. Bourotte.)

4° *Des Frères convers de Fontenoy et de Plein-Lieu.* — Point de doute que les fermes de Fontenoy et de Plein-Lieu n'existassent dès 1130, puisque nous lisons au cartulaire qu'elles furent données aux religieux d'Evaux, par Ebal de Montfort, dès l'origine de l'abbaye. Il y eut aussi de bonne heure des Frères convers ou servants, chargés d'exploiter ces fermes avec les nombreux ouvriers qu'elles occupaient, car nous trouvons qu'en 1156, Henri, évêque de Toul, déclare que Gérard de Gondrecourt, mal conseillé, s'est emparé de quelques biens de l'abbaye d'Evaux, et entre autres des Frères convers des Granges de Fontenoy et de Plein-Lieu, et qu'il répare son tort en leur donnant le droit d'usage dans ses bois de Gondrecourt et de Delouze. Nous trouvons aussi mentionnée, en 1602, une sentence pour l'imposition émanant du bureau de la Foraine de Vaucouleurs, de la part du procureur du roi au dit bureau, contre Claudine Giraudot et Demange Fournier, demeurant au gagnage de Fontenoy, défendeurs, et le procureur du duc de Lorraine en la prévôté de Gondrecourt (1). Nous savons également, par le cartulaire, qu'il n'y avait plus de bâtiments dans les fermes de Fontenoy et de Plein-Lieu dès 1739. Qu'étaient-ils devenus ? C'est ce qu'on ne peut que supposer, comme nous le verrons, en traitant de ces dépendances de l'abbaye d'Evaux. Ce qu'il y a de sûr, c'est qu'aujourd'hui encore on trouve, en labourant, au lieu dit « La Maison de Fontenoy », des débris de pierres calcinées et même de fourrages

(1). Layette Gondrecourt II, n° 73, aux archives de la Meurthe.

brûlés qui attestent indubitablement que l'incendie a passé par là.

Toutefois, nous avons peine à admettre la chronique du pays qui voudrait que M. de Fontenet eût donné son nom à la contrée de Fontenoy, où il aurait eu son château incendié pour avoir abusé de son droit d'abattage dans les bois de Delouze. Ce qui prouve la fausseté de cette tradition, c'est d'abord la différence entre le nom de M. de Fontenet et celui de Fontenoy, c'est ensuite la possession non interrompue de la ferme de Fontenoy, par l'abbaye d'Evaux, depuis son origine jusqu'à sa fin.

Près de cette ferme se trouvait un étang alimenté par deux sources qui faisaient marcher un moulin, appelé le moulin de l'Zéval, appartenant, sans doute, aux religieux, et dont les débris furent trouvés, en 1848, par les ouvriers du canal de la Marne au Rhin. Quand ce moulin fut-il détruit ? Probablement avec les bâtiments de la ferme, et c'est avec ses démolitions, pense-t-on, qu'on vint construire le moulin actuel, près de l'église, qui appartenait aux seigneurs avant la révolution, et sur lequel les frères d'Evaux avaient un préciput de soixante bichets de blé. Il fut vendu par le district de Gondrecourt, à un M. Thonand de Mauvages, et en 1825 MM. d'Estrées et Thouvenot, de Ligny, y annexèrent une filature de coton qui subsista jusqu'en 1870, après avoir appartenu successivement à MM. Prat, de Bar et Briot et Maréchal, de Demange.

Quant à la ferme de Pleinlieu, un puits comblé et entouré de buissons, ainsi que quantité de tuiles brûlées dont le sol est jonché en cet endroit, sont les seuls indices de son ancien emplacement. Depuis quelques années, une petite ferme, connue sous le nom de Grangette a été construite par M. Pesnelle, maire de Demange, à quelque distance de l'ancienne.

Ces fermes de Fontenoy et de Pleinlieu furent vendues, à la Révolution, comme on le verra en parlant de l'abbaye.

Mais, à l'occasion des frères convers qui les exploitaient à l'origine, nous croyons devoir réfuter une chronique que nous avons entendue, à propos du *Val des Convers*, parce qu'elle nous paraît bien problématique et même erronée. D'après cette version, le nom de Val des Convers viendrait de ce qu'autrefois des religieux coupables y auraient été mis en pénitence jusqu'à leur conversion.

Mais qui ne sait que dans tous les ordres religieux il y a des frères convers, c'est-à-dire servants, chargés des travaux matériels des monastères ? C'est ainsi qu'il y en avait chez les frères d'Evaux ; et que ceux-ci en avaient placé aux fermes de Fontenoy et de Pleinlieu.

Sans doute aussi, d'autres religieux, avant eux, en avaient mis au Val qui a conservé leur nom, où il existait autrefois une ferme, paraît-il, comme il pouvait en exister une au lieu dit « La Chapelle », ou simplement un lieu de pèlerinage, dont le *Jardinet* aurait dépendu et appartenu à l'ermite.

5° *Des malheurs des habitants de Demange.* — Sous ce titre, nous ne prétendons point, évidemment, relater tous les revers que les habitants de Demange ont pu subir, à travers les siècles ; nous ne les connaissons pas et le récit en serait long, sans doute, car combien l'histoire n'a-t-elle pas enregistré d'épidémies, de pillages, de guerres, de famines, de pestes, etc, qu'ils n'ont point manqué de partager avec leurs contemporains !

Nous voulons donc parler simplement de quelques accidents qui leur ont été particuliers et que nous avons pu découvrir çà et là. Nous trouvons d'abord signalé l'incendie de leur église, vers 1150, comme nous le dirons en traitant de l'église.

En 1363, pendant la guerre que Robert, comte de Bar, et Jean 1er, duc de Lorraine, eurent avec Henri V, comte de Vaudémont, la plus grande partie du Barrois fut brûlée et les habitants de la prévôté de Gondrecourt fort maltraités par les Bretons, que Henri avait appelés à son secours. La garnison de Vaucouleurs, composée de ces Bretons et commandée par un capitaine nommé Ménéduc, avait ravagé Demange et Delouze et pris et rançonné les habitants (1).

Pendant cette guerre le four de Horville resta sans produit pour le fermier, du 2 avril au 1er octobre, et le battant à écorce de Gondrecourt chôma du 1er avril au 22 juillet ; le pré de l'étang de Houdelaincourt ne put être fauché ni loué, dans l'été, à cause des guerres et des grandes eaux qui détruisirent la récolte. En 1365, un nommé Domenget, de Demange fut pris pour un espion (pour un Breton) par la garnison de Souilly et emmené au château de ce lieu, où il resta enfermé onze jours. Mais,

(1) M. Servais, *Annales du Barrois*, tome Ier, p. 146.

comme il s'était déclaré vassal de Jean d'Arrentières, seigneur de Demange, le duc Robert le fit transférer à Saint-Mihiel, d'où l'on pense qu'il fut relâché, après enquête et confrontation (1).

En 1378, des difficultés étant survenues entre le duc Robert et Huart de Bauffremont, seigneur de Ruppes, on vendangea les vignes que ce seigneur possédait à Demange et à Baudignécourt (elles produisirent 9 queues de vin), et on dépouilla de leur bétail et de leurs grains les vasseaux de ce seigneur à Demange, Broussey et Reffroy (2).

En 1769, nous trouvons relaté l'incendie de dix maisons à Demange. En 1779 et en 1781, les denrées furent complètement grêlées et les habitants réduits à la gêne. Mais, en 1788, le 22 août, éclate, pour surcroît de malheurs, un incendie terrible qui réduit en cendres seize maisons, dont la perte est estimée 36,000 livres et dont les victimes sont : les héritiers de défunt Jean Michel, pour 2,540 livres; 2° Jean Lafond, laboureur, pour 3,210 livres; 3 Jean Lapanne, pour 1,600 livres; 4° Nicolas Simon, pour 1980 livres ; 5° Nicolas Thouand, pour 4,800 livres; 6° Étienne Garet, pour 2,500 livres; 7° Jean Henriot, pour 1,000 livres ; 8° Charles Ragon, jardinier, pour 1,200 livres ; 9° Joseph Lapanne, pour 3,600 livres; 10° Nicolas Oudot, pour 1,300 livres; 11° Jean Michel, maréchal, pour 3,000 livres; 12° Charles Lapanne, fils, pour 1,800 livres; 13° Pierre Maury, cordonnier, pour 2,400 livres;

(1) Idem p. 144.
(2) Idem p. 168 et 169.

14° Nicolas Simon, pour 8,900 livres ; 15° Claude Sennezer, pour 500 livres ; 16° Pierre Brisson, pour 300 livres ; 17° Antoine Bertin, pour 200 livres ; 18° la veuve Jean Richelot et Jean Mangin, pour 300 livres.

Le conseil des prud'hommes, composé de MM. Lapanne, François Mansuy, C. Richelot, Bourotte, Montillaux, J. Brisson, Gaspard Marchal, Pierre Maury, Étienne Lapanne, J. Mangin, C. Paget, Joseph Thouand, J.-D. Bourotte et J.-B. Viardin maire, adressent une requête aux commissaires du Bureau des incendiés de Lorraine et de Bar, fondé par Stanislas, afin d'aider les sinistrés, dans leur grande misère, disant que la somme sera déposée entre les mains de madame de Saint-Blaise, qui veut bien diriger la reconstruction des maisons et tendre une main charitable aux victimes.

M. François Rouyer, subdélégué au département de Neufchâteau, est envoyé à Demange par M. l'adjudant de Lorraine, afin d'y constater les dommages causés, et les sinistrés obtiennent, de M. l'Intendant, la somme de 1,200 livres, pour subvenir à leur misère et acheter du pain, du linge et des vêtements, aux plus nécessiteux d'entre eux. La somme, versée par le conseil des prud'hommes, est remise, de la part du subdélégué, à Mme de Saint-Blaise et à M. Malingrey, curé de Demange (1).

Nous passons sous silence toutes les péripéties de la Révolution, toutes les impositions et réquisitions qu'on peut lire dans les registres de la mairie de

(1) Layette : Incendie et grêles ; article : Demange, à Nancy.

cette époque, pour arriver au 23 janvier 1813. « Ce jour-là, dit le narrateur de ce triste épisode, arrivent à Demange, les armées russes, dès sept heures du matin, par le sentier de la Vaux-des-Fossés et le chemin de Tombois, armés de grandes lances et montés sur des coursiers robustes. Il y en avait tant qu'on n'en voyait pas la fin, ce qui faisait trembler les habitants qui se croyaient tous perdus. Le soir, chaque ménage en eut six à coucher et à nourrir, à discrétion; ce qui dura pendant un an. Aussi quelle triste année que celle-là ! Ils maltraitaient et frappaient tout le monde. Avant leur arrivée, on avait caché, dans les bois, et dans la terre, ce qu'on possédait de plus précieux (1) ».

IV

DE L'ÉGLISE ET DU PRESBYTÈRE DE DEMANGE. — DE SES CURÉS DEPUIS 1244. — DES ANCIENNES FONDATIONS DE LA FABRIQUE ET DE SES BIENS-FONDS ET REVENUS.

1° *De l'église et du presbytère.* — L'église, qui ne paraît pas avoir changé de place, au moins depuis très longtemps, puisqu'on pense que c'est sa situa-

(1) M. Pierre Lapanne, dit Gégé.

tion entre deux rivières qui a occasionné le nom de Demange-aux-Eaux au village, a été brûlée sous Dom Bernard, second abbé d'Evaux, vers 1150, ainsi qu'on le lit au cartulaire, où il est dit que cet abbé « fit reconstruire la toiture, pour aider les habitants dans leur malheur, mais sans prescription pour l'avenir (1) ».

Cette église du XIIe siècle fut remplacée par une autre du XVIe, comme nous avons pu nous en convaincre, avec l'architecte chargé de faire ouvrir récemment une fenêtre au fond du chœur, dans laquelle nous trouvâmes des pierres sculptées de cette époque, dite de la renaissance, qui, sans aucun doute, provenaient de l'ancienne église démolie en 1839.

Deux dates qu'on lisait au fronton de son maître-autel, l'une de 1685 et l'autre de 1720, en indiquaient sans doute différentes restaurations.

En tous cas, cette église se composait de trois nefs et de trois chapelles collatérales. La chapelle du côté de l'épître, dédiée à saint Etienne et dont l'autel, conservé, renferme aujourd'hui les fonts baptismaux, était la chapelle castrale qui servait à la sépulture des seigneurs. Celle du côté de l'évangile était la chapelle du Rosaire, qui parfois leur servait aussi de sépulture. La troisième en bas, du même côté que cette dernière, n'avait pas de vocable indiqué (2).

(1) On sait que les décimateurs n'étaient tenus qu'à l'entretien du chœur et que celui du reste de l'église incombait aux fidèles,

(1) La seconde nef collatérale, contigue à la chapelle du Rosaire, avait été construite de 1781 à 1783, afin d'agrandir l'église et de remplacer une tribune inconvenante et incommode

Ces sépultures des seigneurs qui avaient enrichi l'ancienne église de nombreuses pierres tombales, dans le chœur et les chapelles, ne furent point malheureusement respectées, lors de la construction de la nouvelle, et elles disparurent presque toutes, probablement pour entrer comme matériaux, dans la confection des murs (1).

L'église actuelle, commencée en 1839, pour remplacer la vieille qui tombait en ruines et qu'on avait dû interdire pour cette raison, fut achevée en 1841, sous la direction de M. le Rouge, architecte à Commercy, et de M. François Erard, entrepreneur à Demange. Construite sur l'emplacement de l'an-

qu'on avait faite au-dessus de l'entrée. Nous avons trouvé un devis de cette époque qui propose de faire un collatéral au Nord, sur la longueur de la nef, depuis la chapelle jusqu'au portail, de même largeur que cette chapelle et de 40 pieds de long ; on doit voûter ce collatéral et percer des arcades dans les murs de la nef et de la chapelle. Ce nouveau collatéral devra former deux chapelles et contenir 120 places, déduction faite d'une allée de trois pieds. La communauté de Demange observe, qu'en comprenant une somme de 620 livres, prise dans les deniers de la Fabrique, elle ne peut disposer que de 2420 livres de Lorraine. Le même devis parle de refaire la toiture de la nef de l'église, et la partie supérieure du clocher, qui était en charpente et dont les pièces étaient posées sur celles de la nef ; on veut établir à neuf le clocher, de façon à pouvoir y loger deux cloches.

L'adjudication est faite au sieur Charles Caron architecte à Neufchâteau pour la somme de 2,666 livres 13 sols 8 deniers. — Quelques ouvrages du devis n'ayant pas été exécutés, l'adjudication fut réduite à 2,634 livres 5 sols 8 deniers. — D'autres ouvrages imprévus, comme la peinture des esselins du clocher, ayant été faits, il fallut y ajouter 328 livres. (Archives de la Meuse C. 96.)

(1) L'une d'entre elles conservée, était celle d'un sieur Husson, l'honneur des Francs-Lorrains capitaine des gens de pied du Roi, mort vers 1520. (M. Bourotte).

cienne (1), elle a dû être agrandie et surtout exaucée de plus d'un mètre cinquante, pour être préservée des inondations auxquelles était habituée la première. De style renaissance, ou plein cintre, elle forme un assez joli vaisseau de trois nefs, qui n'a que le tort, malgré son pilotis, de n'être pas solide parce que la construction manque de contreforts, et qu'elle est assise sur un mauvais sol. Aussi, si le dôme, au lieu d'être un plafond, eût été une voûte, il y a longtemps qu'elle serait par terre. Ce que l'église moderne offre de plus remarquable à l'extérieur, c'est son portail richement sculpté, sur lequel se dessinent deux anges adorateurs, devant le Saint-Sacrement.

Quoique les registres aient omis de le dire, nous savons pertinemment qu'elle a été bénite par Mgr Letourneur, évêque de Verdun, et que le 21 août 1842, les trois belles cloches qui ornent son beffroi, ont été bénites elles-mêmes par M. Marc, curé de la paroisse (2).

Les vitraux élégants qui décorent ses vastes fenêtres, ont été posés, les six premiers du chœur et des chapelles en 1877, et les autres en 1879 et 1882.

Puisque nous venons de parler de l'église, nous dirons un mot du cimetière qui y est contigu et qui

(1) Les habitants auraient voulu avoir l'église au milieu du village, près des écoles, et de grandes contestations, qu'on lit dans les registres municipaux, eurent lieu à l'époque, sur la question de son emplacement.

(2) La petite cloche pèse 1450 livres, la moyenne 1950 et la grosse 2,600 : le tout payé 8,000 francs par la commune, qui les fit fondre sur place par M. Rouyer de Bar.

nous paraît, lui-même, avoir subsisté toujours au même endroit, malgré l'existence bien constatée d'un autre cimetière, appelé aujourd'hui encore : La Croix des Morts (1).

Le cimetière actuel a dû être exaucé aussi, afin de le protéger contre les inondations auxquelles il n'échappe pas encore, malgré cette précaution et il fut clos de murs en 1859, époque à laquelle on l'a doté de cette magnifique porte gothique qui, bien qu'en opposition avec le style de l'église, n'en produit pas moins à l'œil un très bon effet et ne sert qu'à faire regretter qu'on n'ait point employé le même genre pour l'église.

Le presbytère, à son tour, qui paraît avoir existé depuis très longtemps à la place qu'il occupe, est signalé par Dom Calmet, vers 1720 ou 1725 « dans une île, non loin du village ».

Il fut réparé, en 1718, par le curé qui était tenu de

(1) Le cimetière de la Croix des Morts, dans lequel on a trouvé, en 1842, quantité de cercueils en pierre, une épée très-ancienne, etc., le tout enfoui à deux mètres, sous une couche de terre brûlée (M. Bourotte), nous paraît avoir été le cimetière de la Maladrerie dont nous avons parlé, à laquelle il était contigu et cette couche de terre charbonneuse était probablement un désinfectant jeté sur les morts pendant ces nombreuses épidémies que la France et la Lorraine eurent à déplorer, mais particulièrement de 1452 à 1462, après la guerre de Cent ans, où le tiers de la population fut décimée par la lèpre et la peste noire.

La croix qui ombragea longtemps ces sépultures est celle, paraît-il, qui se trouve en haut de la rue des Tilleuls et qui y fut rapportée, quelque temps avant la Révolution. Quant aux cercueils en pierre qu'on y a découverts, ils viennent probablement de l'époque gallo-romaine, où quelque riche seigneur avait là sa villa et son cimetière, car à cette époque les villages étaient peu nombreux et on ne voyait guère que des fermes et des villas, le long des rivières (Digot, tome I, p. 59 et 60).

l'entretenir à ses frais, ainsi qu'il résulte d'une transaction passée entre lui et les habitants, le 18 octobre 1718, à la suite d'un procès que la communauté lui avait intenté, à ce sujet (1). Il est dit aussi, dans cette transaction, que le curé paiera 4 francs de cens annuel à la Fabrique, pour le revenu de deux vignes, à elle appartenant et dont il a la jouissance. Le curé jouissait également du pré de derrière la cure, appartenant à la Fabrique et appelé : pré Notre-Dame, et ce, à condition de fournir le pain et le vin pour la messe et les communions. Le revenu du pré de derrière l'église, appelé pré Saint-Remy, appartenait à la Fabrique.

La grange du presbytère y fut ajoutée en 1770, et elle remplaça la grange dimeresse que nous avons vue signalée ailleurs.

Toutefois, les dépendances du presbytère étaient autres, avant la Révolution, qu'elles ne sont aujourd'hui. Le clos qui est vis-à-vis, lui appartenait et lui ménageait une entrée sur la rue du Moulin. Le potager de derrière existait tel qu'il est maintenant, clos de murs, mais il ouvrait sur la prairie, dont l'espace compris dans la largeur du jardin appartenait à la cure, jusqu'à la rivière, près de laquelle se trouvait un réservoir. Cette portion de prés était séparée par une clôture en bois.

En 1802, Monsieur le sous-préfet de Commercy, donna ordre à la commune de restaurer la cure. Le

(1) Cartulaire et titre particulier. — Le religieux de l'abbaye, curé de Demange, habitait le presbytère, comme nous l'avons constaté par la sépulture de Antoinette Clément, fille de M. Théry, en 1748.

conseil municipal, après plusieurs hésitations, s'y décida enfin et fit exécuter pour 448 francs de réparations, qui consistèrent surtout à relever les murs du potager qu'on s'était plu à faire crouler pendant les mauvais jours, ainsi qu'à remplacer les portes et les fenêtres qu'on avait en partie brisées.

Il ne sera peut-être pas hors de propos de rapporter ici quelques particularités qui concernent la religion et les habitants de Demange, pendant les jours de la Terreur et ceux qui l'ont suivie. En 1797, on avait démoli la croix de devant le château, ainsi qu'une autre, devant la maison de la veuve Pierre Feuillet (1). Les pierres de la première avaient été vendues 40 francs ; celles de la seconde 70 francs, à M. Jean-Baptiste Viardin ; on avait aussi donné 12 francs à M. Prignot, de Baudignécourt, pour descendre la croix du clocher. Le confessionnal avait été vendu à M. Jean-Baptiste Paget, qui le recéda à la Fabrique en 1802, pour la somme de 9 francs 19 sols. La même année, on acheta à Bar, chez M. Picquot, un calice de 36 francs et un ciboire de 37 francs. En 1803, le conseil municipal, invité par Monsieur le sous-préfet, vote aussi, après bien des contestations, la somme de 1,200 francs, pour acheter les objets indispensables au culte. La même année, la Fabrique fait restaurer la croix de devant le château, dont elle rachète les débris à un nommé Berry, qui la replaça, telle qu'elle était,

(1) La maison de cette veuve était située en face de l'église, sur l'emplacement du château de la Brossardière. La croix qui s'y trouvait n'a pas été reconstruite.

pour 55 francs. La même année encore, la Fabrique achète, à une dame Quitteau (1), une robe destinée à un devant d'autel, pour la somme de 54 francs, à Bar, un dais de 69 francs et un ostensoir de 92 francs.

En 1804, on fait rétablir les bancs de l'église pour la somme de cent francs. Afin de subvenir aux dépenses du culte et remonter le mobilier de l'église, nous avons vu avec édification que chacun s'empressait de fournir aux quêtes que les fabriciens faisaient à domicile : Qui de l'huile pour la lampe du Saint-Sacrement, qui du chanvre, pour les cordes de la cloche, d'autres du grain que l'on vendait au profit de la fabrique, d'autres de l'argent. Mais en 1812, par suite de remboursements de capitaux et de rentes dues à la fabrique, celle-ci devint un peu plus à l'aise et put acheter un calice en argent, de 84 francs, et, l'année suivante, un ciboire, de même métal, du prix de 70 francs.

En 1818, sous M. Drouin, curé, et M. Bourotte, maire, nous lisons une délibération moins édifiante et qui prouve que tous n'étaient pas respectueux des choses saintes ici, car il y est dit que : « Voulant remédier au désordre causé par certains habitants de Demange qui s'attroupent le dimanche, pour causer, pendant la messe et autres offices, sur le cimetière, on chargera les gardes-champêtres de faire la police, à l'intérieur et à l'extérieur de l'église et qu'on leur allouera, à cet effet, dix-huit francs de

(1) M. Quitteau avait été commissaire du canton de Demange et s'était retiré à Tréveray.

gratification annuellement. » Aussi cette somme leur a-t-elle été payée pendant plusieurs années (1).

2° Des curés de Demange depuis 1244. — A l'aide du cartulaire et des registres de la paroisse, nous avons pu retrouver les noms de presque tous les curés de Demange, depuis 1244, c'est-à-dire depuis qu'ils ont été à la nomination de l'abbaye d'Evaux. On lit en effet, sous la date de 1228, une donation faite, par Odon, évêque de Toul, aux religieux d'Evaux, de la cure de *Demange-aux-Eaux*, à condition de célébrer annuellement un service pour le repos de son âme et de faire ensuite entre eux un repas de pain et de vin. On lit également que Huard, chanoine de Toul, se départit, en 1244, de ses droits sur la cure de Demange, pour les céder aux religieux d'Evaux. Gilles de Sorcy, évêque de Toul, en 1258, leur confirma ce même droit de nommer à la cure de Demange; il fixa aussi la part du vicaire-administrateur au tiers de celle des abbés et religieux et le casuel à la moitié.

Le premier curé que l'on trouve, présenté par les frères d'Evaux et nommé par l'évêque de Toul, est : Pierre Clerc, en 1244. En 1282 c'est Etienne de Gondreville, qui a le titre de vicaire, comme le précédent, et à qui les religieux cèdent toutes les offrandes des baptêmes, estimées 14 francs de fors, le quart des menues dîmes, non compris le vin, trois fauchées de prés à Saint-Remy, estimées 60 francs de fors, trois résaux de froment et quatre résaux, moitié blé et avoine, à prendre sur les greniers de

(1) Vieux registre de fabrique.

l'abbaye (1). Ce même Etienne devient curé et habite le presbytère, ainsi que ses successeurs. En 1311, c'est un appelé Gauthier qui est curé ; puis Dom Bernard Baudry (sans date), intitulé religieux d'Evaux, le premier d'entre eux, sans doute, qui ait été curé de Demange (ici il y a une lacune). En 1572, c'est Dom François Eulry, puis Dom François Gengoult (sans date). En 1631, c'est Dom Nicolas Tixerand. En 1679, c'est Dom Nicolas Mathieu (2). En 1686, c'est Dom Louis Cotdefort ; en 1716, Dom Jean-Baptiste Thiballier (3). En 1719, c'est Dom Pierre Dubled, qui, en 1743, fut enterré à Demange (4). En 1743, c'est Dom Bernard Théry, jusqu'en 1772, époque à laquelle il est inhumé dans le chœur de l'église, le 24 mars, âgé de 72 ans. M. Rouot, curé d'Abainville, doyen rural de Gondrecourt, lui donne la sépulture, assisté de MM. Feuillette, curé de Houdelaincourt, Gabriel, son vicaire, Quieufzer, prieur de l'abbaye, de Gérauvilliers, marquis de Castéja et Jean-Baptiste Viardin. Dans l'acte de sépulture, il est appelé curé *très mérité*. M. Masson est administrateur, jusqu'au mois d'août 1772, époque où apparaît, comme curé, Dom Chrystophe

(1) Cartulaire d'Evaux, p. 157 et 158.

(2) Un M. Tapigny, curé de Delouze, remplace souvent M. Mathieu; devenu curé de Saint-Joire, il reparaît ici plusieurs fois, jusqu'en 1736.

(3) Pendant son administration M. Thiballier est remplacé : de 1716 à 1717, par M. Courtot ; de Janvier 1717 à Août 1718, par M. Martiche et de 1718 à 1719, par M. Duchesne ; tous trois, sans doute, religieux d'Evaux.

(4) M. Dubled est remplacé de : 1723 à 1731, par M. Burdonche, de 1731 à 1733, par M. Millot ; de 1733 à 1740, par M. Montchablon ; de 1740 à 1741, par MM. Chou et Poivieux ; et de 1741 à 1743 époque de sa mort, par M. Camus.

Malingrey (1) qui a été le dernier avant la révolution. Ce prêtre qui, paraît-il, avait prêté le serment à la constitution civile du clergé (2), n'en fut pas moins déporté et il est mort, d'après la tradition, en revenant de l'exil, avant d'avoir pu regagner sa paroisse. Nous le suivons dans les registres, jusqu'au 14 octobre 1792; les anciens en avaient conservé un très bon souvenir (3).

Après la révolution, le 1er curé de Demange fut M. Charles Thouand, dit le jeune. Le 20 pluviose 1802, il prête serment à Commercy, comme curé de Demange, entre les mains du sous-préfet, après l'évangile, en vertu d'une convention, est-il dit,

(1) En tête de la copie du rôle de la contribution patriotique, des habitants de Demange, au 9 mars 1790, on lit : « Je soussigné, Mtre Malingrey, curé de Demange-aux-Eaux, déclare offrir, pour la contribution patriotique, 48 livres, en trois payements, somme équivalente à mes revenus, qui consistent en la portion congrue seulement, émoluments pour ma nourriture, entretien, gage de domestique, subsistance, pour payer annuellement 25 livres, 13 sols, 0 deniers de dons gratuits, pour entretenir et réparer la maison de cure, murs de clôture et jardins, chargé d'une paroisse de 400 communions, aucun riche, presque tous pauvres, forcé à faire des accessoires au-dessus de la portion congrue, aumône cependant voulue par l'humanité, n'ayant ni patrimoine, ni pension de parent. A Demange-aux-Eaux ce 29 décembre 1789. Signé : Malingrey, prêtre, curé de Demange-aux-Eaux. »

(2) Le serment à la constitution civile était un serment schismatique, décrété au mois de mai 1790, par l'assemblée nationale, qui s'attribuait le droit de faire nommer les évêques et les curés par élection et de changer les limites des diocèses sans la participation du pape, qu'on se contentait d'avertir. Le dixième des prêtres prêta ce serment, par erreur ou faiblesse, mais beaucoup se rétractèrent, on les appelait : prêtres-*jureurs*.

(3) M. Malingrey est remplacé non-seulement par quelques religieux d'Évaux, mais il l'est en 1782 par M. Hutin, vicaire de Saint-Amand, qui reparaît, en 1783, comme vicaire de Marson et Boviolles, et en 1785 il l'est par M. Vautrot, vicaire de Reffroy.

passée avec Pie VII, en 1800. Ce prêtre, qui lui-même avait prêté serment à la Constitution civile, était originaire de Mauvages ; il est mort ici, âgé de 48 ans, et son corps fut transféré à Mauvages, pour y être inhumé, en présence de MM. Faverotte, curé de Houdelaincourt, Georgel, de Mauvages, Curel d'Abainville, Leclerc, de Naives-en-Blois, Chaput, de Montigny, Lenoir, de Broussey-en-Blois et Claude Henri, plus tard curé de Demange. De 1808 à 1812, c'est M. Jacques-Claude L'Honoré, mort et enterré ici. De 1812 à 1815, c'est M. Drouin, parti de Demange, par suite d'une mauvaise farce que lui avaient faite les jeunes gens. De 1815 à 1816, un intérim est fait par M. Faverotte, curé de Houdelaincourt. De 1816 à 1827, c'est M. Claude Henri, originaire de Mauvages, mort retiré à Montigny-les-Vaucouleurs, en 1854, âgé de 84 ans. Il avait été, paraît-il, ordonné par Aubry, évêque constitutionnel de la Meuse (2). De 1827 à 1836, c'est M. Joseph Prévost, originaire de Loisey, mort et enterré ici, le 23 juillet 1836. De 1836 à 1839, c'est M. Vautrin,

(1) Aubry, de Saint-Aubin, curé de Véel, près de Bar, et membre de l'asemblée nationale, fut élu le 22 février 1791, à la majorité des voix, à l'issue de la grand'messe de Notre-Dame de Bar-le-Duc, évêque du département de la Meuse; il fut sacré par Saurines, évêque des Landes, et reçut l'institution canonique de Marolles, évêque de l'Aisne. Il prit la place de Mgr Desnos, qui refusa d'adhérer au schisme.

Mais, quand le 8 novembre 1793, les églises furent fermées et les vases sacrés envoyés à la Monnaie à Paris, Aubry se retira à Saint-Aubin, où il fut maire pendant la révolution, puis revenu à résipiscence, à la restauration du culte, il devint curé de Commercy où il est mort. (Histoire de Verdun, T. 2, p. 91). Sous la date du 3 mai 1791, Aubry accorde une dispense de consanguinité, au 4e degré, et, en avril 1792, une dispense de bans pour Demange, sur la demande de M. Malingrey.

originaire de Bulainville, mort il y a quelques années, retiré à Châlons-sur-Marne. De 1839 à 1867, c'est M. François Marc, originaire de Vignot.... De 1867 à ce jour, c'est M. Pierre-Emile Jacquot, originaire d'Auzécourt.

8° *Des anciennes fondations et des revenus de la fabrique.* — L'église de Demange, comme toutes les autres, à ces époques de foi, possédait de nombreuses fondations, que nous sommes loin d'avoir retrouvées toutes, car chaque famille se faisait un bonheur et un devoir d'avoir la sienne.

En voici quelques-unes que nous avons pu découvrir, dans un vieil inventaire des biens de la fabrique; nous allons les énumérer, par ordre de date.

Beaucoup d'abord y sont signalées comme très anciennes, et ne portent plus de date. Ce sont celles: d'Antoine Tiraubois; de Nicolas Thomas; de Nicolas Jacob, une messe de requiem; de Florentin Laurent; de Jean de Baudignécourt, une messe; de Nicolas Sybille, etc. La plus ancienne en date (1610) est d'Antoine et Nicolas Grosjean, une messe basse, pour 9 gros. La 2e (1622) est de Catherine Guignot, veuve de Chrystophe Chevallier, une messe basse, pour 1 franc de rente; la 3e de 1657 est de Jean Houzelet, curé de Saint-Mansuy-les-Toul qui fonde une messe en l'honneur de la sainte Vierge, à l'autel du Rosaire (1), tous les premiers samedis du mois et

(1) La Confrérie du Rosaire qui existait ici, nous paraît avoir été bien dotée, car, outre la donation de M. Houzelet en sa faveur, nous voyons un Etienne Garet, par contrat du 29 décembre 1767, débiteur d'une rente de 7 livres 10 sols à cette confrérie; en 1806, il rembourse un capital de 141 francs à la fabrique,

plusieurs autres messes de requiem; il donne aussi à la fabrique les ornements nécessaires à la célébration de ces messes, pour l'acquit desquelles, il lègue une maison et une masure, sises à la rue du Chemin, à son neveu, Didier Houzelet. La 4e, de 1665, est de Nicolas Didelot, 2 messes basses. La 5e, de 1685, est de Jean Thouand, pour un obit. La 6e, de 1687, est de Claude Rollot et de Françoise Thénot, qui donnent 100 francs, pour une messe haute. La 7e, de 1692, est de Jean Dauphin. La 8e, de 1702, est de Gaspart Vincent et Marguerite Guignot, pour 2 messes hautes. La 9e, de 1702, est de Nicolas, Luc et Louis les Guignot, 100 francs pour 2 messes hautes. La 10e, de 1702, est de François Vignerelle et sa femme, qui fondent 2 obits, moyennant 100 francs, pour Remy Lagloire et Nicole Bouchon. La 11e, de 1702, est d'Anne Gérard, veuve d'Antoine Thomas, qui donne 100 francs pour 4 messes basses. La 12e, de 1703, est de Chrétien Doré, marchand, et de Barbe Lapanne, son épouse, qui donnent 250 francs barrois, dont 12 francs 6 gros au curé et 8 francs 9 gros au maître d'école, pour 3 messes hautes de requiem, avec vigiles. La 13e, de 1707, est de Nicolas Hacquin et de Françoise Berry, sa femme, qui fondent 2 messes de requiem. La 14e de 1707, est de François Mengin et Jeanne Gengoult, sa femme, qui fondent 2 messes hautes de requiem. La 15e, de 1709, est de Jean Collin et Jeanne Mengin, qui engagent

dans ce but. François Richelot devait aussi, par contrat du 29 mars 1789, une somme de 100 francs; Jean Pierrot devait 25 francs; et, en 1807, a lieu un remboursement de 46 francs par Jean Prignot et, un autre de 23 francs 17 sols, par Nicolas Simon, en faveur du rosaire.

tous leurs biens envers la Fabrique, pour 2 messes hautes. La 16e, de 1709, est de Marie Jeanne Lebrun, qui donne 85 francs pour une messe haute. La 17e, de 1714, est de Jeanne Mitton, veuve de Claude Thouand, qui donne 300 francs pour 8 messes basses et un service, pour elle et sa famille. La 18e, de 1716, est de l'abbé de Clairlieu (monastère près de Nancy), qui laisse à la fabrique la succession qui lui est échue de M. Cotdefert, curé de Domange. La 19e, de 1720, est de Nicolas Thomassin, qui donne 5 francs de rente, pour une messe haute avec vigiles. La 20e, de 1722, est de dame Françoise Hyacinthe de Stainville-Chabot, qui donne 1,000 francs, pour une messe haute du saint Sacrement, avec exposition du ciboire, tous les 1ers jeudis du mois. La 21e, de 1731, est de Claude et Françoise Suisse, sa sœur, qui fondent 4 messes basses. La 22e, de 1735, est de Pierre, Marguerite, et Marie-Anne Lapanne, qui fondent 2 messes basses, pour Nicolas Lapanne et Anne Simon, leurs père et mère. La 23e, de 1738, est de Christienne Simon, veuve de Jean Remy, qui fonde une messe basse pour Luc Simon, son père. La 24e, de 1767, est de M. Husson et de Marie Hurault, sa femme, qui fondent un obit. La 25e, de 1773, est de Marie Vignerelle, veuve de François Bonnettée, qui donne 300 francs pour trois saluts du Saint Sacrement et deux messes de requiem. La 26e, de 1774, est de Nicolas Vincent et de Marie-Anne Richelot, son épouse.

Viennent ensuite plusieurs autres fondations, mais sans date. Ce sont celles : 1° de Sébastien Mengin, Suzanne Maginel, sa première femme, et Gabriel

Clerc, sa deuxième femme, qui fondent huit messes basses, pour 100 francs; 2° de dame Marie-Jeanne de Brime, qui fonde un service annuel; 3° de Chrystophe Henri, pour une messe basse; 4° de veuve Jeanne Boulet, l'aînée, pour une messe basse; 5° de Jeanne, veuve de Jean Colas, pour une messe de requiem; 6° de Gérard Rollot, pour une messe; 7° de Marguerite, veuve de Henri Parent, pour une messe; 8° d'Antoine Grandjean, qui donne 100 fr., pour deux messes basses; 9° de Nicole, femme d'Etienne Magnan, pour une messe haute; 10° de Gaspard de Baudignécourt, pour une messe de requiem; 11° de Barbe, femme de Didier Jacob, pour une messe. 12° de Marguerite Coinard, femme de Gérard Rollot, pour une messe haute, avec vigiles; 13° de Claude Alexis Noel, qui donne 100 francs à l'autel du rosaire, pour une messe haute avec vigiles; (il avait fait inscrire son nom, sur une épitaphe près de l'autel.) 14° de François Bourotte, fils de Claudine Fobert, veuve de Jacob Bourotte, qui donne 100 fr. pour une messe de requiem; 15° de Nicolas Lapanne, Anne Simon, sa femme, et ses père et mère, qui donnent 24 sols de rente pour deux messes basses; 16° de François et Antoine Thomas, qui fondent aussi deux messes basses pour la même somme; 17° de Marguerite de Brime, pour une messe basse; 19° de Marie Bourotte, dit Fleury, qui donne 20 sols de rente, pour une messe; 20° de François Richelot, Anne Vincent et Pierre Lemoine, qui acquittent les frais d'une fondation assise sur une maison située à la rue du Chemin.

Ces fondations ont disparu à la Révolution, comme

toutes les choses sacrées du passé ; mais, pour y suppléer, autant que possible, le conseil de Fabrique, en 1810, sous M. l'Honoré, son curé, mû par un très louable sentiment, s'est engagé, par une délibération qu'on lit dans les registres, à faire acquitter un service mensuel, en faveur de tous ces anciens fondateurs. C'est ce service dit « *Des Bienfaiteurs* de la Fabrique », qui s'est toujours célébré depuis, et qu'en 1868, Mgr Hacquard, évêque de Verdun, a bien voulu approuver et tarifer, par une ordonnance du 17 avril, un capital, à peu près suffisant, ayant été obtenu, par suite de divers remboursements et placé sur l'Etat, à cet effet.

Quant aux biens-fonds de la Fabrique et à leurs revenus, avant la Révolution, nous les avons trouvés, dans différentes locations et arpentages de ces biens, faits à différentes époques. En 1700, la Fabrique avait 466 fr. de revenus de ses possessions, comme le constate leur relocation, sous M. Cotdefer. En 1767, ces mêmes domaines, loués à Nicolas Thouand, valent à la Fabrique 625 francs. En 1772, un arpentage, commandé par Jean-Baptiste Viardin, receveur de la Fabrique, et dont les fermiers sont Louis Lapanne, Nicolas Lafond, Jean Michel et autres, et Joseph Lapanne, ancien fermier, constate la jouissance de 2,979 verges de terres, 2,911 verges de prés, et 129 verges de chenevières ; le tout affirmé véritable par Me Poiresson, prévôt, devant qui l'arpenteur, François Berry, a prêté serment, à ce sujet. En 1792 (20 décembre), le district de Gondrecourt, ayant exigé une déclaration exacte de toutes les fondations de la Fabrique situées à

Demange, tant terres que prés et chenevières, le même François Berry en fait la livraison, qui donne un total de 2,685 verges, 22 pieds de terre, loués 103 fr. 7 sols ; de 2,872 verges de prés, loués 190 fr. 7 sols, et de 205 verges de chenevières, louées 21 fr. 5 sols, le tout à différents particuliers de Demange ; ce qui donnait un total de 315 fr. 9 sols de revenus des biens de la Fabrique. On voit que les terres étaient tombées de prix, par suite des temps troublés où l'on se trouvait. Mais il est à remarquer que le fermage de ses biens-fonds n'était pas le seul revenu de la Fabrique, à cette époque ; elle possédait aussi des rentes sur particuliers, lui venant de ses nombreuses fondations, pour l'acquit desquelles, le curé, en 1778, touchait 81 fr. 13 sols 2 deniers, et le recteur d'école 15 fr. 8 sols et 9 deniers.

V

De la condition des paysans sous le régime féodal.

Comme nous faisons l'histoire d'une époque qui a vécu sous le régime appelé féodal, il ne sera peut-être pas inutile d'en dire quelques mots et de montrer quelle était la condition des paysans sous ce régime, qu'on a beaucoup critiqué et qu'on connait peu du reste, parce qu'il a subi une multitude de modifications, selon les temps et selon les lieux. Voltaire a prétendu que ce régime avait été une époque de chaos, de grands crimes et de malheurs pour le peuple, pour le commerce, pour les arts et pour les sciences, en un mot une époque de barbarie complète.

Sans vouloir justifier les abus de ce régime qui les a eus, comme tout autre, et plus que tout autre, parce qu'il a subsisté plus longtemps, nous essaierons cependant de montrer, l'histoire en mains, qu'il n'a pas été aussi désastreux que le prétendent Voltaire et ses consorts. C'est surtout au chapitre suivant, en traitant des sciences et des arts que nous compléterons cette démonstration.

Disons d'abord que ce système est aussi ancien que la société française, et qu'il existait même chez les Gaulois nos pères. Ce n'est donc pas l'Eglise, qui n'a pas plus à le regretter que les autres, qui l'a inventé, puisqu'elle n'a pas cessé au contraire de réagir contre ses abus, à toutes les époques, en cherchant à adoucir, autant que possible, la condition des paysans et en provoquant leur affranchissement.

Chez les anciens peuples, toute propriété appartenait à l'Etat. D'après cette maxime, les Gaulois ayant fait la conquête du pays, se partagèrent les terres (2) et s'engagèrent à faire la guerre avec le chef de tribu. Mais, plus tard, ceux qui étaient atta-

(2) Excepté les bois, les pâquis et les carrières, qui restaient communs.

chés à la culture préférèrent s'imposer quelque redevance frappant leurs fonds de terre, plutôt que de guerroyer, et, de là, l'origine première de la féodalité, dont les droits étaient de deux sortes : les uns personnels qui se transmettaient aux enfants avec leurs charges, et les autres de main-morte qui ne pouvaient être vendus et retournaient au seigneur, à défaut d'héritiers d'un certain degré. Mais la conquête des Gaules, par les Romains, fit peser de lourdes charges sur l'agriculture, ce qui força les Gallo-Romains à se révolter plus d'une fois contre le pouvoir.

Quand les Francs vinrent à leur tour conquérir le sol, nos Rois ne firent que se substituer aux Empereurs romains et s'attribuèrent les terres, qu'ils donnèrent en partie à leurs officiers. Ces domaines s'appelèrent : alleux ou francs-alleux, et fiefs au 9e siècle ; ils furent dispensés de toutes les redevances qui pesaient sur le propriétaire, sinon d'accompagner le souverain à la guerre. Mais au IXe siècle, les abus de ce régime étaient devenus si grands que les évêques, en 846, adressèrent à Charles-le-Chauve une requête pour le prier d'examiner les titres des propriétaires, afin de les ramener à la justice de leurs droits, ce qui n'empêcha pas le faible Charles, dans son Édit de Qlersy, de rendre héréditaires les fiefs de ses seigneurs, de bénéficiaires qu'ils avaient été jusque là. Aussi aux IXe et Xe siècles, ne vit-on que guerres entre ces seigneurs, pour la défense de leurs domaines, faute d'une main puissante pour leur imposer silence.

Les terres non féodales furent appelées censives, parce qu'elles furent données à cultiver, à condition d'un cens ou revenu que devaient payer les colons, qui cependant pouvaient eux-mêmes devenir propriétaires, sous certaines conditions de charges déterminées. Toutefois, il faut convenir que, dans les premiers temps, ils se sentirent de la tyrannie que Rome avait fait peser sur eux, et dont les Francs ne les avaient guère affranchis. Aussi beaucoup de paysans possédant des terres les mirent-ils sous la protection de leurs seigneurs, afin de trouver appui près d'eux, de sorte que la plupart des terres indépendantes disparurent, d'où vint le proverbe : « Nulle terre sans seigneur ».

Cependant, il faut ajouter d'autres causes à cette possession des terres par les seigneurs. Ceux qui avaient refusé de se rendre à la guerre, ou qui avaient été faits prisonniers, devenaient serfs et incapables de posséder; d'autres aussi, par religion, se faisaient serfs d'une église ou d'un monastère, en leur donnant tous leurs biens. Mais, lorsque le Christianisme eut pénétré dans les masses, après la défaite de Rome, on vit l'agriculture reprendre son aisance et sa dignité. Les moines, qui, dès les IVe et Ve siècles, se mettent à fonder grand nombre de couvents, au milieu des forêts qu'ils défrichent, pour en faire des villes et des villages, se mettent en même temps à bâtir des moulins, des fermes, des ateliers et appellent autour d'eux des travailleurs, dont la condition devient plus aisée et plus honorable, surtout quand Charlemagne (768-814) les eut protégés contre les lourds impôts. Mais après

Charlemagne, les dernières invasions des Normands, des Hongrois et des Sarrazins vinrent, de nouveau, compromettre l'agriculture, en forçant les Francs à repousser ces hordes, sous la conduite d'un chef, qui devenait noble quand il s'était signalé par quelqu'action guerrière. A cette époque (864 à 925), les Normands et, après eux, les Hongrois ravagent tout le pays et, en particulier, la Lorraine pendant tout le Xe siècle et détruisent les monastères. Les Français aussi, avec les Allemands, se disputent le Duché, ce qui le couvre de ruines et force les habitants à délaisser l'agriculture, dont l'abandon amène des famines et des pestes horribles, qui forcent nos pauvres pères à se nourrir de reptiles et même de chair humaine. En 1306, la famine fut si grande qu'on avait déserté les villes et les villages, où régnait en même temps la peste la plus affreuse (1).

A cette époque aussi, à cause des invasions incessantes de ces barbares, les nobles firent bâtir des châteaux forts, sur la crête des montagnes et dans des lieux inaccessibles, afin de s'y réfugier et de s'y défendre avec leurs gens. Mais ces châteaux, bâtis la plupart aux frais des seigneurs, devinrent l'objet de nouvelles redevances, parce que les colons avaient droit de s'y retirer avec leurs denrées et leurs bestiaux, et ensuite parce que ces seigneurs étaient obligés de faire la guerre de père en fils et de rendre la justice, pour laquelle il leur fallait une foule d'em-

(1) La peste sévit en Lorraine en 934, en 1003, 1008, 1021, 1028. En 1029 et 1031, on ne put rien récolter, par suite de pluies excessives. En 1042, sévit le mal *des ardents* et, en 1099, une famine causée par les pluies, puis le *feu sacré*. (Histoire de France de l'abbé Pierrot, t. V, p. 143 et 144).

ployés, ce qui leur occasionnait des frais considérables.

Cependant, à la fin du XIe siècle, on voit que le sort des paysans n'est pas malheureux, car, pour le labour d'une terre avec bœufs, on ne doit payer qu'un setier d'avoine, un chapon et un denier par an. Aussi les seigneurs, soit laïques, soit ecclésiastiques, trouvaient-ils des colons tant qu'ils voulaient, pour former des villages près d'eux. Ces colons pouvaient même, par des circonstances favorables de rihesse acquise ou de services rendus, arriver jusqu'au rang de la noblesse, et toujours dans celui du clergé. Il est certain que l'église a toujours réclamé, pour les serfs même, la liberté d'entrer dans le clergé, ce qui n'a pas peu contribué, à cette époque, où les ordres religieux étaient très nombreux, à affranchir un grand nombre d'entre eux.

Une autre cause, non moins puissante, d'affranchissement pour le peuple, de la part de l'Eglise, ce furent les Croisades (1096-1270) qui rendaient libres, pour toujours, ceux qui prenaient la croix. Aussi, sous cette heureuse impulsion, vit-on se former les communes, à dater de Louis-le-Gros (1108) jusqu'à Charles-le-Bel (1322) ; et, dès 1182, Guillaume, archevêque de Reims, appelant des travailleurs dans son village désert de Beaumont-en-Argonne, leur accorda, par une charte écrite, qui servit de modèle aux autres seigneurs, un régime de liberté, inconnu jusqu'alors, qu'on appela « la loi de Beaumont » et qui subsista jusqu'en 1789 (1). A cet exemple,

(1) En 1197 et 1198, la famine dépeupla la Lorraine, c'est alors qu'on vit les évêques et les monastères rivaliser de zèle pour

Louis X, dit le Hutin, rendit en 1316, une ordonnance restée célèbre, par laquelle il autorise les serfs à se libérer, disant qu'il faut, selon le droit de nature, que chacun soit franc et que la chose doit s'accorder avec le nom.

Cette charte décida de l'abolition du servage, dont il ne resta plus que quelques vestiges, dans les redevances que les colons acquittaient envers les seigneurs. Toutefois, il faut bien remarquer que les paysans n'étaient pas seuls à payer des redevances. Les seigneurs devaient au roi le service militaire de 40 ou 60 jours par an, selon l'importance des fiefs, tandis que le colon ne devait qu'un jour de ce même service à son seigneur, à moins qu'il ne s'agit de défendre le château, en cas d'agression.

Quant à la dîme ecclésiastique, elle avait été établie par Charlemagne, et le roi la payait comme les autres. Du reste, l'usage, d'après les lois de l'Eglise, devait donner aux pauvres le surplus de son nécessaire, et, plus tard, cette dîme se payait aussi bien aux ministres protestants qu'aux prêtres catholiques. Quant aux espèces de servitudes qu'on lit dans certains contrats, par exemple la permission du seigneur pour entrer dans les ordres, pour se marier hors de la seigneurie, elles avaient pour but de protéger l'agriculture, en retenant les bras qui lui étaient nécessaires, mais on pouvait, moyennant une faible redevance, obtenir la permis-

venir au secours du peuple. Henri de Lorraine, évêque de Toul, vendit ses biens et donna son argent et ses grains. (Digot, t. I, p. 361).

sion, et même ces mesures prohibitives avaient disparu dès le XIVe siècle.

Quant à un autre prétendu droit immoral du seigneur vis-à-vis de la jeune fille qui se mariait sur ses terres, c'est une pure plaisanterie et le bon sens et l'histoire en ont fait justice depuis longtemps.

Dans la première moitié du XIVe siècle, on voit les paysans très à l'aise, leur mobilier est bien monté, leurs vêtements élégants, et les ouvriers payés, par jour, à 25 et 30 sols de notre monnaie. Les repas de fêtes et de noces y sont copieusement célébrés et le chiffre de la population égale au moins celui de nos jours. Dès les XIIIe et XIVe siècles, on trouve des hôpitaux, des médecins et des sociétés de bienfaisance, dans presque toutes les châtellenies. A cette époque aussi (1320), le commerce est très florissant ; il y a des foires et des marchés, dans presque tous les villages, où le seigneur est obligé de veiller à la sûreté et à l'entretien des chemins.

Si un incendie vient à éclater, il doit fournir le bois de la forêt pour rebâtir, et son caprice est restreint par le conseil des prud'hommes, qui est tiré du peuple et qui peut le traduire en justice, s'il refuse de s'exécuter.

Cependant la guerre de la France avec l'Angleterre vient mettre fin à cette ère de prospérité. Déclarée dès 1328, elle se rallume plus vive en 1346 (1), et la trahison ouvre les portes à Edouard III.

(1) En 1358, il y eut en Lorraine un été très sec qui fit mourir le raisin ; l'hiver aussi fut très rigoureux et les glaces emmenè-

La France efféminée, par une longue prospérité, ne sait pas se défendre ; les paysans fuient, laissant tout au pillage des Anglais et de traînards français, nommés *les Jacques* ; la patrie, malgré les efforts du brave Du Guesclin, qui réunit des armées de paysans, touchait à sa perte, quand l'héroïque Jeanne d'Arc s'avança pour délivrer Orléans et purger le sol français de ses ennemis, en ranimant le courage de ses compatriotes (1428). Après cette guerre de cent ans, qui ne fut finie qu'en 1452, le pays fut considérablement appauvri et l'agriculture délaissée, non seulement par suite de la guerre, mais de la lèpre et de la peste noire, qui firent périr le tiers de la population (2). Les paysans furent aussi soumis à de plus fortes charges, pour payer les frais de la guerre. Mais, à la fin du XVIe siècle, la France et la Lorraine, en particulier, avaient reconquis l'aisance. Ce qui fit surtout la richesse de la Lorraine, ce fut la culture des abeilles, l'exploitation des mines d'argent, de cuivre, de zing et de plomb qu'elle renfermait, ainsi que la fabrication du verre. Aussi voyait-on les noces se célébrer avec pompe et il n'était pas rare d'y compter jusqu'à cent personnes, dit M. Digot.

Henri IV (1589) ne fit qu'accroître cette prospérité, à l'aide de son ministre Sully, en dégrévant les paysans

rent plusieurs moulins. De 1368 à 1371, le bichet de blé se vendit un florin dans la prévôté de Gondrecourt et on ne vendangea point dans certaines parties du Barrois. L'hiver de 1407 à 1408 fut très rigoureux ; il gela pendant 66 jours et les arbres et les vignes furent en partie détruits. (M. Servais, t. II, p. 417.)

(2) Il y eut des épidémies terribles en 1426, 1428, 1451 et 1462.

et en favorisant l'agriculture dans l'intérêt de laquelle, dès 1567, les biens des cultivateurs, ainsi que leurs meubles, avaient été déclarés *insaisissables* ; aussi la France et la Lorraine, dans la 2e partie du XVIe et la 1re partie du XVIIe siècles, étaient-elles très florissantes et leur population s'était considérablement accrue, malgré les pestes et les nombreuses famines qu'elles avaient endurées, de 1504 à 1597.

Mais la guerre des Suédois, aidés par les Français de Louis XIII, guerre qui ne cessa qu'en 1648, par le traité de Wesphalie, vint rompre de nouveau cette ère de prospérité. Chacun sait ce que la Lorraine, qui fut le principal théâtre de cette guerre de Trente ans, eut à souffrir. Les pillages, les incendies et les ruines de toute espèce s'accumulèrent sur nos pauvres ancêtres. La famine fut suivie de la peste, de 1634 à 1642 ; le pain se vendait, la livre 1 franc de notre monnaie, et les paysans s'étaient retirés dans les bois, où ils mouraient de misère. Aussi la plupart des villages furent-ils abandonnés et grand nombre détruits, ainsi que quantité de fermes. On fut obligé de vendre les vases sacrés, pour subvenir aux frais du culte. C'est alors que saint Vincent de Paul vint au secours de la Lorraine, en faisant distribuer, à nos pères, par douze de ses missionnaires, des vivres, des remèdes, des vêtements, des charrues, etc., pour plus de deux millions, de ce temps.

Cependant la Lorraine se remit petit à petit, sous son bon duc Léopold (1690), quoiqu'elle eût été trop longtemps occupée par les troupes de Louis XIV. Ce roi voulait l'annexer à la France, mais il ne put, pour le moment, triompher de la répugnance des Lorrains, qu'il avait trop fait souffrir. Sous la sage administration de Léopold, on vit les impôts diminuer, des routes se créer, des ponts s'élever, le commerce et l'industrie refleurir et la Lorraine traverser, sans trop de peine, grâce à ces précautions, les terribles hivers de 1708 et 1709, dont la France eut tant à souffrir (1). Mais ce fut surtout au XVIIIe siècle que l'agriculture fit des progrès sensibles, par l'heureuse habileté de Turgot, ministre de Louis XVI (1774). Il établit des sociétés d'agriculture, fit assainir les marais, semer les prairies artificielles et planter la pomme de terre, apportée d'Amérique, et que Parmentier fit connaître à Paris, bien qu'on la cultivât depuis plus d'un siècle en Lorraine, principalement dans les Vosges. Ce qui fit que l'agriculture fut gênée, quoique possédant la plus grande partie du sol, dans les dernières années du régime féodal, ce fut l'effort tenté pour maintenir les denrées à bas prix, à cause des villes où les populations s'agloméraient déjà, comme de nos jours, puis le mauvais état des chemins, qui ne permettait pas d'écouler facilement les produits, et enfin les impôts, qui s'étaient considérablement accrus, pour la Lorraine en particulier, depuis son annexion à la France. Mais, le peuple n'était pas seul gêné, les classes privilégiées, aussi allaient généralement vers la ruine, à cause des charges qui pesaient sur elles. Aussi tous, laïcs et ecclésiastiques, furent-ils unani-

(1) En 1708 et 1709, l'hiver très-rigoureux fait périr les arbres et les denrées et cause une grande disette en France.

mes à renoncer généreusement à leurs droits féodaux, dans l'assemblée des Etats-Généraux de 1789, de sorte que cette assemblée était appelée à réaliser l'heureuse révolution que réclamaient les temps, si la Révolution impie et barbare de 1793 n'eût fait échouer tous ses projets, en couvrant la France de ruines et de sang.

Encore une fois, nous sommes loin de vouloir justifier, en tout, l'ancien régime (autres temps, autres mœurs). Les sociétés, du reste, n'ont-elles pas leur enfance, comme les individus, et ne leur faut-il pas le temps d'arriver à l'âge mûr? Toutefois, nous nous permettrons de faire observer que le malheur de ces temps doit être attribué bien plutôt aux guerres continuelles et à la difficulté des communications, qu'aux exigences du régime féodal, car, sans rien vouloir critiquer de ce qui se passe de nos jours, nous ferons remarquer que presque toutes les redevances du temps passé se sont perpétuées jusqu'à nous, sous d'autres noms et sous d'autres formes, et, pour le prouver, il suffit de faire attention à cette masse d'impôts de toute nature que l'on paie chaque jour, et à ces prohibitions nombreuses qui restreignent la liberté, à l'endroit de la propriété (1).

(1) Est-ce qu'on ne paie pas, aujourd'hui encore, des droits de succession, de vente, de mutation, de location, de cote mobilière et personnelle, de patentes, de corvées ou prestations, de chasse, de pêche, de voiture, d'animaux, etc. N'y a-t-il plus d'impôts sur les denrées alimentaires : sucre, sel, poivre, café, chicorée, tabac, poudre, vin, liqueur, etc., etc. Du reste, l'inspection de nos budgets, depuis cette époque, répondra plus éloquemment que nous à ces questions. Sous Louis XVI, le budget est de 500 millions. — Sous Napoléon Ier, il est de 800 millions. — Sous

Quant aux calamités qui ont souvent désolé l'ancienne société, il suffit de consulter l'histoire pour voir que la société moderne n'en compte guère moins. D'où il faut conclure que le paradis n'est pas plus sur la terre aujourd'hui qu'autrefois et que toujours il en sera de même (1). Quant aux invectives que Voltaire lance contre le régime féodal, il lui appartient moins qu'à tout autre de le faire, lui qui en a été l'un des tenants les plus autoritaires, pour ne pas dire le plus cruel, traitant le peuple de *populace* et de *canaille*, et le regardant comme indigne d'être instruit, menaçant même du pilori ceux qui lui reprochaient d'être comte de Ferney (2).

Louis XVIII, d'un milliard. — Sous Louis-Philippe, d'un milliard et demi. — Sous Napoléon III, de seize cents millions, et sous la République actuelle, de 3 milliards ! Est-il plus loisible aujourd'hui d'aller couper, dans la forêt, les bois de construction, la portion affouagère, les liens pour la moisson, d'y faire pâturer les bestiaux, etc. Autrefois, les prohibitions étaient même bien moins sévères.

(1) En moins d'un siècle, n'avons-nous pas eu les guerres désastreuses et l'invasion de la 1re République, les guerres non moins désastreuses du 1er Empire, l'invasion de 1813, les disettes de 1816, 1817, 1846 et 1866, les choléras de 1832, 1850, 1854, 1865, sans compter les autres épidémies partielles ? N'avons-nous pas eu les guerres civiles de 1830, de 1848, toutes les guerres du 2e Empire, couronnées par l'invasion de 1870, avec nos 5 milliards versés à la Prusse, et la Commune de Paris, avec ses vandalismes et ses meurtres ! N'avons-nous pas eu les débordements périodiques de nos grands fleuves, en 1825, 1835, 1846, 1856, 1866, 1875 ; la maladie des pommes de terre et le phylloxera, etc., avec l'hiver rigoureux de 1880 ? L'agriculture enfin est-elle plus prospère ?

(2) Lettres du 20 mai 1760 et du 19 mars 1769, à Damilaville.

VI

DE L'INSTRUCTION AVANT 1789.

Comme il est de mode de nos jours de dénigrer tout le passé, on n'a pas manqué d'affirmer que l'ancienne société avait croupi dans l'ignorance, faute de moyens de se procurer l'instruction. Cependant nous ferons remarquer, avant tout, que c'est cette société qu'on veut bien traiter d'ignorante qui a découvert : la boussole, la poudre à canon, la force de la vapeur, qu'on appliqua plus tard à l'industrie, l'imprimerie, le Nouveau Monde ; qui a élevé ces magnifiques monuments, que nos plus habiles architectes se contentent de copier, et qui a ressuscité la peinture sur verre et sur toile.

Toutefois, nous avouerons qu'on n'avait pas pour l'instruction primaire, avant 1789, le zèle qu'on a manifesté parmi nous depuis une trentaine d'années ; aussi tous, ou à peu près, ne savaient pas lire, écrire et calculer, comme de nos jours. Mais, s'en suit-il que l'ancienne société n'avait pas de moyens de s'instruire ? L'histoire est là pour attester le contraire. De sorte qu'il faut rejeter sur le malheur des temps et des guerres souvent répétées, qui désolaient, à cette époque, la société française, son peu d'empressement à profiter des moyens d'instruction qui lui étaient offerts, et non sur l'insuffisance de ces moyens eux-mêmes, qui ne lui firent jamais totalement défaut, comme nous allons le voir.

Dès que la société chrétienne fut formée, on vit s'élever une école publique dans chaque monastère, et chacun sait qu'ils étaient très nombreux dès cette époque. Il y eut, en outre, une école près de chaque cathédrale, qu'on nomma *l'École épiscopale* et qui était ouverte, non seulement aux clercs, mais aux laïques, comme les écoles monastiques. Dans ces écoles, on enseignait la grammaire, la dialectique, la rhétorique, la géométrie, l'astrologie, l'arithmétique et la musique : c'est ce qu'on appelait les sept arts libéraux.

Cependant, pendant les Ve, VIe et VIIe siècles, par suite de l'invasion des Barbares, l'étude étant devenue difficile, les sciences se ralentirent ; malgré cela, on voyait encore un bon nombre d'écoles florissantes, tenues par des clercs, notamment à Toul, Verdun et Metz. Mais Charlemagne (768-814) ayant secondé le zèle des évêques pour relever les études, les sciences redevinrent florissantes. Chacun sait que ce grand prince fit venir des savants d'Italie et qu'il se fit lui-même disciple du célèbre Alcuin, moine saxon, qui fonda l'école du Palais et travailla avec Pierre de Pize, l'astronome Virgile, le célèbre Clément et l'illustre grammairien Smaralgde, abbé des bénédictins de St-Mihiel, à régénérer les sciences, dans les couvents et dans la société. Charlemagne exigea aussi, dans ses Capitulaires, que chaque curé eût une école, dans sa maison, pour les enfants du peuple, et que chaque monastère en eût une également pour les clers et les laïques qui voudraient y prendre part. Aussi vit-on, pendant les IXe et Xe siècles, de nombreuses écoles, où chacun rivalisait de zèle pour s'instruire. On vit notamment, pour notre Lorraine, les écoles de Toul, Metz, Montfaucon et St-Mihiel, où les enfants étaient admis dès l'âge de 7 ans (1).

C'est à cette époque, aussi, que les moines se mirent à copier les écrits des auteurs païens, qui, sans eux, ne seraient point passés à la postérité (2).

Toutefois, pendant le Xe siècle, les études baissent, par suite des dernières invasions des Barbares qui ravageent le pays. Mais au XIe siècle, les sciences et les arts se raniment ; les écoles redeviennent florissantes, et en particulier à St-Mihiel, Toul, Verdun et Metz, par suite de la réformation et de la création de nouveaux monastères, qui, comme les précédents, ont leurs écoles publiques. Ces écoles sont à leur apogée dans les XIIe et XIIIe siècles, et les Conciles, qui ne cessaient jusque-là d'en réclamer de nouvelles, ne le font plus, parce qu'il en existe assez. « Il n'y avait plus ni ville ni bourgade, dit Guibert de Nogent, où l'on ne vît des écoles, ce qui permettait aux enfants de la plus médiocre condition de s'instruire facilement (3). » C'est alors qu'apparaissent saint Bernard, Abailard, Guillaume de Cham-

(1) M. Digot, Tome 1er, page 271.
(2) Idem.
(3) Idem. Tome 1er, page 402.

peaux, Albert-le-Grand, saint Thomas d'Aquin, saint Raymond de Pennafort, saint Bonaventure, Duns Scot, etc. On voit aussi, à cette époque, se fonder une foule d'universités qui rivalisent avec les écoles monastiques pour répandre la science et faire fleurir les arts. La guerre de la fin du XIVe et de la 1re moitié du XVe siècles, entre la France et l'Angleterre, vient ralentir considérablement le mouvement des études. Cependant les universités étaient encore assez florissantes, même à cette époque, et on voit les différentes provinces bâtir des collèges à Paris, afin d'y envoyer leurs étudiants. Personne n'ignore que la Lorraine y avait son collège, dit de Lamarche, qui subsista jusqu'à la révolution de 1793, et dans lequel se distinguèrent bon nombre de nos compatriotes, qui y étaient élevés gratuitement, entr'autres ; Nicolas de Gondrecourt, Jean et François de Saint-Mihiel, Louis de Nancy, Jean de Foug etc. (1). On vit aussi apparaître à cette époque les professeurs et les instituteurs laïques, dont l'existence est signalée dès 1320 (2). Sur la fin du XV siècle, les universités deviennent encore plus nombreuses ; seulement la science y prend une forme dangereuse pour la foi chrétienne, vis-à-vis de laquelle elle s'émancipe, ce qui amènera les hérésies du siècle suivant.

Enfin dans les XVIe, XVIIe et XVIIIe siècles,

(1) C'est en 1380 que Guillaume de la Marche, chanoine de Toul, fonda le collège qui porta son nom. Il y avait fait une fondation pour l'entretien d'un principal, d'uu procureur et de 6 boursiers Digot, T. II, p, 377).

(2) Thiéry de Billy est signalé à Gondrecourt en 1427, comme instituteur (Notice sur Gondrecourt, par M. Depautaine, p. 56).

l'instruction se propage, de plus en plus, par suite de la création de nouveaux ordres religieux d'hommes et de femmes, qui se mettent au service de la jeunesse, dans les villes et dans les campagnes.

En 1537, nous voyons surgir les dames Ursulines, pour l'instruction des jeunes filles. En 1540, ce sont les Jésuites, connus pour leur science, qui fondent de nombreux collèges. En 1564, apparaissent les dames de la congrégation du Bienheureux-Pierre-Fourrier de Mattaincourt, pour l'instruction des filles du peuple. En 1572, le cardinal de Lorraine et Charles III fondent l'Université de Pont-à-Mousson, entretenue par les libéralités des abbayes des Diocèses de Metz, Toul et Verdun. Bientôt elle devient si célèbre qu'elle attire, dans son sein, l'élite de la jeunesse de tous les pays. En 1581, Gilles de Trèves, doyen du Chapitre de Saint-Maxe, de Bar-le-Duc, fonde son collège, si renommé, qu'il confie lui-même aux Jésuites, en 1617. En 1611, ce sont les Oratoriens, créés par le savant cardinal de Bérulle, et, en 1613, les célèbres Bénédictins, réformés par Didier de la Cour, de Montzéville, notre compatriote. En 1657, apparaissent les Frères de la Doctrine Chrétienne du Bienheureux de La Salle, chanoine de Reims, pour l'instruction des enfants du peuple. En 1650, ce sont les sœurs de Saint-Joseph; en 1652, celles de Saint-Charles ; en 1700, celles de la Doctrine Chrétienne, et, en 1729, celles de la Providence, qui presque toutes, ont leur berceau en Lorraine, sans compter une foule d'autres congrégations d'hommes et de femmes que nous passons sous silence et qui avaient la même mission, d'enseigner la jeunesse de nos villes et de nos campagnes.

Notons aussi que presque toutes les écoles étaient gratuites, non pas avec les fonds de l'État qui sont ceux des particuliers, mais la plupart du temps avec les fondations des âmes pieuses, ainsi que celles des fabriques et du clergé.

Nous avons, sur ce point, le témoignage de M. Fayet, ancien recteur d'académie de la Haute-Marne, qui, dans une statistique faite par lui en 1877, constate que pour ce département, les fondations qu'il a pu retrouver, en faveur des écoles, par le clergé et les fidèles, profitaient à plus de 160 communes, sans compter celles dont les titres ont disparu à la Révolution (1).

Nous avons aussi, sur la gratuité de l'instruction, de la part du clergé, des fabriques et des fidèles, l'aveu d'un homme dont l'affirmation n'est pas suspecte ; c'est celle de M. Ott, délégué des écoles du canton de Gondrecourt (Meuse), qui dans sa notice « L'Instruction primaire sous l'ancien régime, » faite en 1880, relate les statuts synodaux des évêques de Toul, au sujet de l'instruction. Là on peut puiser plus d'une condamnation, contre les détracteurs de l'ancienne société et contre leur manie d'accuser l'Église de favoriser l'ignorance du peuple, dont, au contraire, elle a toujours été la grande institutrice.

En effet, le maître d'école, d'après les prescriptions des évêques de Toul, devait enseigner, outre

(1) *Courrier de Nancy*, n° du 23 octobre 1878.

les premiers éléments de la religion, le chant, la lecture, l'écriture et l'arithmétique (1). Il était ordonné aussi, aux parents, sous peine de refus des sacrements, même à Pâques, d'envoyer leurs enfants à l'école, et, à cette époque (l'auteur de la notice le confesse), cette menace devait être efficace (2). Il devait même y avoir des écoles séparées, pour chaque sexe, et, à la fin du XVIIIe siècle, le but des évêques de Toul était atteint (3). Mgr Drouas de Broussay, avant-dernier évêque de Toul, avait consacré plus de 60,000 livres de ses revenus (150,000 d'aujourd'hui) à la création de ces écoles de filles (4). Les évêques de Toul firent aussi tout leur possible pour améliorer la position des instituteurs (5), et le clergé lui-même, dans les vœux présentés à l'Assemblée nationale, demandait une plus large rétribution pour les instituteurs et les institutrices, ainsi qu'une pension de retraite, après qu'ils auraient dignement parcouru leur carrière et qu'ils ne pourraient plus exercer (6). Aussi M. Ott avoue-t-il que l'instruction a fait très peu de progrès, depuis l'ancien régime et demande-t-il même « qu'on le ramène aux évêques de Toul » (7).

Aux preuves que nous venons de citer pour montrer que l'instruction n'était point négligée sous l'ancien régime, comme certains affectent de le

(1) Notice de M. Ott, p. 37 et 1re.
(2) Idem, p. 7.
(3) Idem, p. 10.
(4) Idem, p. 11.
(5) Idem, p. 35.
(6) Idem, p. 44 et 45.
(7) Idem, p. 65 et 93.

prétendre, nous ajouterons le puissant témoignage de M. Maggiolo, ancien recteur d'académie et membre actuel de l'académie de Stanislas de Nancy.

Le 22 avril 1881, M. Maggiolo adressait au congrès des Sociétés savantes des départements, réuni à Paris par M. le Ministre de l'instruction publique, un mémoire sur ce sujet, dont le *Journal officiel* rendait compte, en ces termes : « M. Maggiolo donne sur la situation scolaire des dix-huit doyennés des anciens diocèses de Châlons et de Verdun, les renseignements les plus complets, en ce qui concerne l'ancienneté et le nombre des différentes espèces d'écoles de garçons et de filles. Avec une infatigable persévérance, M. Maggiolo a découvert, dans les archives départementales de la Marne et de la Meuse, dans les archives communales et dans les manuscrits des bibliothèques de Châlons et de Verdun, un nombre considérable de documents inédits : réglements scolaires et mandements des évêques, statuts des synodes, programmes d'études, constitutions des congrégations enseignantes, conclusions capitulaires, actes et traités des conseils de ville et des communautés, dépouillement des registres destinés aux baptèmes, aux mariages, aux sépultures dans chaque paroisse.

Après avoir donné les moyennes des conjoints qui ont signé leur acte de mariage, dans les paroisses des villes de Châlons et de Verdun et celles des neuf doyennés du diocèse de Verdun, M. Maggiolo conclut en ces termes : « J'ai le droit de l'affirmer, il y avait, sous l'ancien régime, dans les diocèses de Châlons et de Verdun, un nombre très considérable d'écoles, entretenues par les communautés ou dotées par la bienfaisance privée; on s'avait lire et écrire (1); les réglements et les programmes avaient pour but, non pas de multiplier des connaissances, mais d'inculquer aux enfants de saines et fortes habitudes religieuses, intellectuelles et sociales ; les maîtres ne manquaient ni de vocation, ni d'aptitude, ni de dignité ; l'enseignement populaire préparait utilement cette génération vaillante dont les cahiers du Tiers-État, en 1789, révèlent l'intelligence, le bon sens et le patriotisme (2) ».

N'en est-ce pas assez pour prouver, aux moins clairvoyants et aux plus prévenus, que l'Église, loin d'être et d'avoir été jamais hostile à l'instruction, soit primaire, soit supérieure, a fait au contraire, tout ce qu'elle a pu, selon les époques, pour la garder, la développer et la rendre accessible à toutes les classes de la société, dont elle a longtemps été l'unique institutrice (3).

(1) Nous avons trouvé nous-même, dans les registres religieux de Demange et de Baudignécourt, son annexe, grand nombre de signatures que ne dédaigneraient point les lettrés de nos jours.

(2) *Courrier de Nancy*, n° du 26 avril 1881.

(3) Témoins tant d'enfants du peuple que l'Église a élevés et qui ont brillé dans ses rangs et ailleurs : un Jacques de Troyes, fils d'un cordonnier, d'abord évêque de Verdun (1151 à 1155), puis Pape, sous le nom d'Urbain IV (1261 à 1264), et qui fut instruit par les libéralités du Chapitre de Troyes. Un Nicolas Pseaume, de Chaumont-sur-Aire, fils d'un simple laboureur, qui devint évêque de Verdun (1548 à 1575) et fut une des lumières du Concile de Trente. Un François Chevert, de Verdun (1695 à 1769), qui, d'enfant du peuple, devint Lieutenant-Général des armées du Roi. Un Dom Calmet, un Henrion de Pansey, de Trèveray (1742-1829) devenu premier président de la Cour de Cassation, après avoir fait ses études au collège ecclésiastique de Ligny et à l'université de Pont-à-Mousson et tant d'autres, sortis de conditions très ordinaires et parvenus aux sommets de la science et des dignités.

Seulement nous ajouterons que si l'Église aime et favorise la science, c'est à condition de la voir étroitement unie à la religion, qui, comme le disait justement le savant Bacon est « l'arôme qui empêche les sciences de se corrompre », en inspirant, à ceux qui les possèdent, la pratique des vertus ; tandis que la science athée, en développant l'intelligence, au détriment du cœur, n'est propre qu'à fournir, à ses partisans, plus de ressources pour se livrer impunément au vice et au bouleversement de la société.

Aussi, le précieux avantage de l'ancien régime, sur le nôtre, c'est que le principe religieux y était vivace et que par ce motif on y trouvait, tout à la fois, des savants et des hommes, dont la rareté s'accentue de plus en plus parmi nous.

APPENDICES

N° I. — *Dénombrement des seigneurs et de la seigneurie de Demange en 1603* (18 novembre) (1).

A tous ceux qui ces présentes lettres verront et ouïront, salut ! Nous François de Circourt, écuyer, seigneur de Villers-la-Chèvre et bourg de Demange-aux-Eaux, pour moitié, à cause de damoiselle Gabriel du Lucques, notre épouse, Jean de Circourt écuyer, seigneur pour 1/4 du dit Demange, à cause de damoiselle Jeanne de Saint-Martin, notre épouse, et noble homme Claude Humbert, seigneur pour l'autre 1/4 du dit Demange, à cause de damoiselle Isabelle de Saint-Martin, notre épouse, faisons savoir que nous tenons et avouons tenir en fief, foi et hommage de l'altesse de notre souverain, prince et seigneur, Monseigneur le duc de Calabre, Lorraine, Bar, Gueldre, etc, à cause de son châtel et châtellenie ressort de Gondrecourt, les titres et seigneuries en possession, situées et assises au village, ban et finage et territoire du dit Demange, appartenances

(1) Tiré d'un vieux coutumier des seigneurs qui se trouve à la mairie de Demange.

et dépendances d'icelles, ainsi que ci-après elles sont déclarées et à cause comme dites être des dites damoiselles nos femmes.

Et premier : la maison-forte, appelée la Cour du dit Demange, les fossés à l'entour, ensemble les allées, ainsi en ce de quoi le tout se contient devant et derrière, soit en porcherie, étable, grange et autres bâtiments. Item, le meix (jardin), appelé Billouart, derrière la dite maison, contenant un demi jour ou environ, environné d'une chenvière et autres héritages, en l'enclôt des quels est bâti un colombier, qui peut valoir par chacun an 8 francs barrois, monte et avalle (c. à. d. plus ou moins), sur quoi faut prendre la nourriture des pigeons, et les quels billouart et jardin pourront valoir par commune annéee au divisé 4 francs, aussi monte et avalle, joindant tout ce que dessus à notre rivière banale d'une part et le chemin venant de Baudignécourt au dit Demange, avec les héritages de quelques particuliers d'autre part. Item, un jardin devant la dite maison-forte, appelé le jardin derrière la halle, joindant la rivière d'une part et un rupt commun d'autre part, qui peut valoir avec les dites étables et granges, par commune année, 6 francs, monte et avalle. — Item, le rupt qui passe par notre dite maison-forte, allant du fossé d'icelle, le quel est aborné à plusieurs endroits d'un côté et d'autre, dedans le quel aucune personne ne peuvent pêcher ni hanter, en quelque manière que ce soit, sans notre congé et licence, à peine de 5 sols d'amende, tant que le dit rupt sort et dure, qui est de notre dite maison jusqu'au dessous du vieux moulin, où il entre dans la rivière (1). Item, nous tenons et appartient la rivière banale, commençant dès le pont qui sert le chanois jusqu'au dessous de la fosse Robert, dessus Rinaux-Moulin, en la quelle nul ne peut pêcher ni royer chanvre, sans notre licence, à peine de 60 sols d'amende (2) et de confiscation des filets, engins et chanvres qui seront trouvés, à mésuse et d'amende arbitraire, laquelle rivière nous tenons pour les dépoints et dépenses de notre maison et l'admodiante a autorisé nous peut rapporter annuellement 3 francs. — Item, nous avons au dit Bourg de Demange dix huit conduits d'hommes et femmes mariées, ensemble leurs enfants et huit femmes veuves, lesquels sont de poursuite et fors-mariage, avec plusieurs autres servitudes ; et peuvent les mâles prendre tonsure pour eux faire clercs, sans notre congé. Avec ci : sont d'assise qui est tel que, pour chacun trayante (3), soit cheval, soit bœuf qu'ils ont, ils nous doivent au jour de Pâques 3 sols tournois ; pour chacune bête non trayante, soit cheval ou bœuf qui soit à rien faire, 6 deniers tournois ; chacun pourceau 1 denier ; chacun veau 1 denier ; chacun poulain 1 denier ; chacun mouton 1 denier ; chacun bouc et chèvre 1 denier ; le tout tournois et ceux et celles qui n'ont bêtes trayantes doivent pour leur chef, au dit jour de Pâques, 3 sols tournois, et la veuve la moitié. Et aussi doivent à la St-Remy, chef d'octobre, par chacune des dites

(1) Ce vieux moulin, se trouvait dans les environs du pont de la Folie, près du Jard.
(2) Ce qui ferait de 8 à 11 francs de notre monnaie.
(3) C'est-à-dire tirante.

bêtes, 2 bichets de blé froment et 4 bichets d'avoine; et qui n'a bêtes trayantes doivent pour leur chef 2 bichets froment et 4 bichets d'avoine; et la femme veuve la moitié; et doivent chacun 3 gélines (poules) par chacun an, c'est à savoir: à Pâques, à la St-Remy et à Carême-prenant et à chacune saison, la crouée, un jour de leurs charriées avec leurs bêtes trayantes, en mars, verserot et voyen; lesquelles assises pourront valoir, monte et avalle, tant des dits conduits que des gens de mariage, ci-après déclarés, la somme de 30 fr. ou environ; au jour de Pâques et terme de Saint-Remy, 30 réseaux de froment et le double d'avoine ou environ, aussi monte et avalle; et se livreront les dits grains, au bichet, demi-bichet, quart de bichet, à la mesure de Gondrecourt, à la râcle qui est notre mesure au dit Demange. Item, chacun des dits conduits, 4 crouées de leurs corps: 2 à sarcler nos blés et avoines, 2 à faucilles nos blés et avoines, et qui a char ou harnois doivent chacun 2 voitures, à mener nos dits blés et avoines jusques à nos granges. Avec ci doivent nos dits hommes demeurant au dit Demange aider à faucher, épandre et faner et engranger le foin venant et croissant en nos dits prés, comme le Breuil, c'est à savoir: qui est faucheur, un jour à faucher, un jour à faner; et qui a char ou harnois, doit une fois aller charger ès dits prés et amener en nos dites granges; et doivent chacun de nos dits conduits qui ont harnois, chacun une voiture de bois pour mener en notre maison, la veille de Noel, par chacun an; et si étaient défaillants de payer aucune des espèces susdites, nous paieraient 5 sols d'amende. Et tous lesquels conduits pourront valoir à nous la somme de 25 francs barrois, monte et avalle (1).

Item nous avons au dit Demange, ban et finage, la haute Justice, moyenne et basse, sur tous les hommes et sujets des susdits, ensemble les profits d'icelle, pour l'exercice de laquelle nous avons : prévost, procureur, greffier, sergent, forestier, messier (gardien des fruits) et autres officiers établis à côté de nous. Item, au dit Demange soullait (c'était la coutume de) avoir conduits qui étaient hommes et femmes, les aucuns au comté de Ligny et les autres à l'abbaye des Vaux, lesquels s'appelaient banaux, qui soullaient payer à nos prédécesseurs, seigneurs du dit Demange. et chacun d'eux, 3 fois la crouée de leurs charriées et bêtes trayantes c'est à savoir : 1 jour en mars, un jour en verserot et un jour en voyen et qui est faucheur doit un jour pour faucher au dit pré du Breuil, un jour pour faner et chacun, un jour sa charrette pour amener le foin ; et qui n'est faucheur, il doit 2 jours de crouée : l'une pour épandre l'herbe, et l'autre pour faner et sa charette 1 fois, comme dite. Et aussi doivent les dits banaux pareille crouée en la maison comme nos autres hommes dessus-dits. — Item, les dessus-dits banaux doivent 2 sols tournois pour bourgeoisie, c'est à savoir 12 deniers à la Saint-Remy, et à Pâques 12 deniers, et en défaut de payer,

(1) Le franc barrois valait 8 sols 6 deniers. Il était divisé en 12 gros, le gros en 4 blancs et le blanc en 4 deniers barrois. La livre de Lorraine valait 15 sols et 6 deniers. La livre tournois valait 20 sols et le sol 12 deniers.

doivent chacun 5 sols tournois d'amende; et si d'aventure ils y venaient aucuns des dits banaux demeurer au dit Demange, ils nous devraient les choses des sus-dits. — Item, y avait au dit Demange plusieurs conduits à Mgr le Duc, appelés banaux, lesquels nous soullaient payer par crouée de leurs corps et de leurs bêtes, comme les autres banaux des sus-dits.

Item, nous avons la haute justice réelle et des délits sur tous les dits banaux. Avec ci, avons encore, comme seigneur foncier, la juridiction de tous les dits banaux et autres qui ont ou tiennent au dit, bourg, ban et finage et confinage du dit Demange en ressortissant et répondant, les dits banaux et autres qui tiennent héritage au dit lieu, ban et finage, par devant notre prévôté, les profits et exploits de laquelle justice, défauts, amendes, vins et droits d'abornage nous pourront valoir par chacun an neuf vingt fr., monte et avalle. — Item, si aucun de nos dits hommes et femmes vont demeurer hors du dit lieu de Demange, ils nous doivent pareillement leurs échets de leurs corps comme s'ils demeuraient au dit lieu; et si c'est une de nos femmes, elle nous doit tous les ans, au jour de Saint-Remy, 12 deniers tournois (1). — Item si aucune de nos dites femmes s'y mariait à autres hommes qu'à ceux qui sont à nous, elle nous paierait 12 deniers tournois, pour reconnaissance, par chacun an, avec le fors-mariage; et pourront valoir les dites recon-

(1) En 1605 les habitants de Demange furent affranchis du droit de fors-mariage pour lequel ils ne devront qu'une géline, s'ils vont se marier dehors (coutumier des seigneurs).

naissances, pour chacun an, 15 sols tournois, monte et avalle.

Item, au dit lieu de Demange, s'il y a deux conduits d'hommes et de femmes qui sont à nous et qu'ils soient de partage, et parce qu'ils étaient partageables auparavant au sieur de Ruppe, et sont de telle condition que nos autres hommes-liges des sus-dits, excepté qu'ils ne doivent que 2 gélines par an, une à la Pentecôte et l'autre à Carême-prenant. — Item, y a environ 4 francs et demi de rentes par an, au jour de Saint-Martin d'hiver, par plusieurs habitants du dit Demange, qui se produisent sur plusieurs maisons, terres, prés et chenevières, situées et assises au dit Bourg de Demange, ban et finage d'icelui, ensemble 8 bichets d'avoines et 7 gélines et demi, qui se paient au dit jour de Saint-Martin par chacun an, par les détenteurs, à peine de 5 sols d'amende contre ceux qui se défaudraient de payer la dite rente.

Item, ceux qui vendent ou achètent maison ou héritage au dit lieu, ban et finage, doivent vetz et devetz (terme de droit qui signifie se vêtir et se dévêtir) par lequel vetz et devetz, tous comme le vendeur ou acheteur, sont tenus de nous payer chacun un setier de vin, le quel droit est admodié, avec la ferme de notre prevôté et exploits de justice, ci-devant mentionnés. — Item, si l'on aborne aucun héritage au dit lieu, ban et finage du dit Demange, nous avons droit de prendre pour chacune borne 8 deniers tournois, le quel droit est pareillement compris en la dite ferme. — Item, nous avons un four banal audit Demange, au quel four tous les habitants du dit lieu sont tenus de cuire (1) leur pâte levée, à peine de 60 sols d'amende et de confiscation des dites pâtes et amendes envers nous ; et à nous, appartient les pâtons des dites pâtes qui se cuisent audit four, qui est la vingtième partie, et nous pourront valoir par chacun an 40 bichets de blé et autant d'avoine, monte et avalle. — Item, nous avons aussi un moulin banal au dit Demange, auquel les abbés et religieux d'Evaux prennent le quart en la graine seulement, ce qui nous peut valoir pour chacun an 40 bichets de blé, mesure du dit Demange, monte et avalle, 30 gros en argent, c'est à savoir 15 gros à Noel, pour le porcher, et 15 gros au jour des brandons, pour la galantine (2). — Item au dit four et moulin nous avons la justice et amende des délits et offenses qu'en iceux seraient faites et commises. — Item, nous avons 20 conduits d'hommes, appelés bourgeois, y compris deux qui sont au gagnage de Fontenoy, les quels ont composé et aborné avec nous pour leurs redevances, les quelles nous pourront valoir par chacun an, à deux termes et payements, savoir Pâques et Saint-Remy, la somme de 40 fr. monte et avalle. — Item, toutes les bêtes trayantes allant pâturer au finage du dit Demange nous doivent par chacun an, au jour de fête de Saint Jean-Baptiste, 4 deniers tournois, qui pourront valoir, par chacune année, 3 fr., monte et

(1) Le four banal avait été aboli en 1570 par le seigneur de Montaignon, et permission avait été donnée aux habitants d'en établir chez eux.

(2) La fête des Brandons avait lieu le 1er dimanche de Carême et consistait à venir chanter et danser autour d'une busle.

avalle. — Item, sont tous les dits habitants de rapport et les peuvent messiers rapporter toutes les fois qu'ils les trouvent mésusants sur les usages et finage du dit Demange, pour être *mescullés* (1) suivant la coutume et sont les dits messiers tenus de compter 2 fois l'année, si bon nous semble, à savoir saint Jean-Baptiste et Noel, les quels rapport et amende en provenant sont comprises en la ferme de la dite prévosté. — Item, au ban et finage du dit Demange, il y a plusieurs bois à nous appartenant en fonds seigneurial de haute justice, moyenne et basse, c'est à savoir : Tombois, Hazois, Rainlieu, la Chapelle, les lizières de Mazerol, la petite Devise, la haie de Tremblois, la Rommevosse, Essartel, Mollut, la côte du Chanois, le Mont-le-Huot, la Charmée, Mourain et Ramois dits les Brigands, en tous les quels bois, les habitants du dit Demange, par accord et transaction faits avec nos prédécesseurs seigneurs, ont droit d'usage, pour leurs affouages et paignages et autrement, selon qu'il est plus en plein rapporté sur ce fait, aux charges d'observer que par nous ou nos officiers leur pourront être donnés les peines et amendes qui leur seront sur ce induites, les quelles nous appartiennent et sont comprises en la dite ferme, et à cause du quel usage à iceux concédé, sont tenus tous les habitants, un chacun d'eux, nous payer par chacun an et le londemain de Noel, par chacun ménage entier, 1 franc barrois, et la veuve femme la moitié, à peine de 5 sols d'amende sur chacun défaillant.

(1) Frappés d'amende.

Item, nous avons un petit bois appelé le Bouchon, au-dessus du château et bourg du dit Demange, au quel nul ne peut prendre, couper, sans notre licence et permission, à peine de l'amende. Et si en outre sont tenus les dits habitants étant repris à mésusants en les dits bois, où ils conservent usage par la dite transaction, nous payer les intérêts et dégats des dits mésuses, tel qu'il sera trouvé par l'arbitrage du juge et n'ont les dits habitants aucun droit d'y faire pâturer leurs bestiaux en la dite contrée du dit Bouchon, depuis la ruelle Rollot, en montant droit à Baudignécourt, en quelle saison que ce soit, à peine de 60 sols d'amende envers nous. — Item, nous appartient une rente en grains, appelée *Avaige*, qui se lève sur plusieurs héritages assis au dit lieu, ban et finage du dit Demange, et peut valoir par chacun an, monte et avalle, 60 bichets de blé et autant d'avoine. — Item, nous est dû, au jour de fête de saint Martin d'hiver, sur tous les habitants de Reffroy, six setiers d'avoine, mesure de Ligny, et une main-forte sur une maison séante au dit Reffroy, à peine de 5 sols tournois d'amende, par faute de payer et toute fois et quand la dite maison se vend ou échange, par chacun franc 12 deniers tournois de lots et vente. — Item, 16 jours de vigne ou environ, toutes en un tenant, joindant de l'une des parties à Jean Lebrun, qui est du côté d'Anichaux, et les héritiers feu Gérard Sybille, d'autre partie, de la quelle est à présent en terre labourable et en friche.

Item, les crouées d'Anichaux, où il y a 8 jours de terres. — Item, au montant d'Anichaux, 4 jours de terres ou environ, joindant d'une part aux héritiers Jean de Bar, et d'autre part à Demange Adam et Florentine Laurent. — Item, une pièce de terre appelée la vigne Laurat, séant au dit Anichaux, contenant 4 jours ou environ, joindant d'une part à Henri Forgerot, et d'autre à..., — Item une pièce de terre contenant 2 jours ou environ, séant à Hadonval, joindant plusieurs tournières d'une part, et François Petit et consorts d'autre. — Item, la crouée dessous Hazois, contenant 15 jours ou environ, joindant le chemin de Gondrecourt d'une part, et Claudine Houzelet d'autre. — Item, dessous la voie de Gondrecourt 2 jours environ, joindant la dite voie d'une part, et Henri Parent d'autre. — Item, la crouée de Fontenoy, contenant 18 jours environ, joindant la voie du dit Fontenoy d'une part, et le Rupt qui descend du dit Fontenoy d'autre.

Item la courte crouée, contenant environ 6 jours, joindant au chemin d'une part, et d'autre à... — Item, la terre appelée le Champ-Viard, contenant 6 jours, joindant au chemin de Gondrecourt d'une part, et d'autre au rayon Subtil. Item, une terre au côté de Blémond, contenant 3 jours, à présent en nature de vigne, joindant les héritiers Richier Bourotte d'une part, et Jean Lefebvre d'autre. — Item, une autre terre appelée le champ Fortoum, contenant 5 jours ou environ, joindant Sébastien Husson d'une part, et Nicolas Sybille d'autre et autres d'autre part. — Item, environ 7 jours de terre au champ Douart, joindant la Naulx, au pont, d'une part, et Claudine et les héritiers François Sybille d'autre.

Item, une terre appelée le champ Lecomte, contenant 4 jours ou environ; joindant la rivière d'une part, et les pâquis des Lochères d'autre, du finage du dit Demange d'autre part.

Item, une autre terre appelée la terre Le prêtre, lieu dit sur le Buisson, contenant environ 12 jours, joindant les héritiers Jean Rollot d'une part, et les tournières d'autre.

Item les crouées derrière Montfort, contenant 18 jours ou environ, joindant Bastien Husson d'une part, et les religieux d'Evaux et le pré du Breuil, ci-après nommé, d'autre.

Item, une autre terre appelée La Bâtarde, séant devant Montfort, contenant un jour environ, joindant Bastien Husson d'une part et plusieurs tournières d'autre.

Item, nous avons encore 10 jours de terres, en diverses pièces, par le menu et en diverses contrées, au finage dudit Demange et qui sont la plupart en friche, toutes les quelles crouées de terres nous pourront valoir, par chacun an, 40 réseaux de blé et autant d'avoine, mesure de Gondrecourt, comble. — Quand aux échez et assises en grains qui nous sont dûs ci-dessus, nous les recevrons au dit bichet, à la râcle, mesure du dit Gondrecourt. — Item, un pré appelé Le grand Jardin, contenant environ 4 fauchées, séant entre les deux rivières, qui peut valoir par chacun an 20 francs. — Un autre pré appelé La Naux, au pont, contenant environ 6 fauchées, joindant le dit champ Douard et plusieurs particuliers d'autre part, et peut valoir, par commune année 20 francs; un autre appelé Lauchien, contenant 8 fauchées ou environ, joindant François

Didier d'une part, la Fabrique Saint-Remy du dit Demange d'autre part, et peut valoir par chacun an 20 francs. — Une pièce de prés à la Naux, au buisson, contenant 3 fauchées, joindant la rivière d'une part, et Bastien Husson et le chemin d'autre et, peut valoir par an 15 francs. — Item, un pré appelé la chaussée du val d'escrut, qui peut contenir une fauchée ou environ, joindant les hoirs (héritiers) Jean Morin d'une part, et ceux de Florentin Rollot et Gérard Thomas d'autre part, et peut valoir par chacun an 3 francs. — Item, un pré appelé la ligne devant Montfort, contenant environ une fauchée, tenant d'une part à Bastien Husson, et les héritiers Pâris Sybille d'autre part, peut valoir par an 4 francs, monte et avalle. — Un autre petit pré appelé le pâquis Richier, contenant 2 fauchées, tenant à la rivière banale d'une part et le grand chemin d'autre. — Item, un jardin et une chenevière, le tout tenant ensemble, au lieu dit aux Varennes, contenant un demi jour ou environ, joindant Didier Jacob d'une part, et plusieurs aboutissants d'autre, et peut valoir 12 francs.

Item, une vigne auprès du buisson, contenant 2 jours 1[2 ou environ, joindant Cuny-Morin d'une part, et le dit buisson d'autre. Item, une chenevière devant le château, joindant les fossés du dit château d'une part, et Bastien Husson d'autre. Item, nous avons au dit Demange une halle, en laquelle se tient le marché toutes les semaines, au jour de lundi, et 3 foires l'année, et nous vaut le revenu de la halle, par chacun an 18 francs. Il appartient à nous sus-dits Humbert et Chevrières la moitié du pré appelé le Breuil, séant derrière Montfort, contenant le tout environ 16 fauchées, à prendre la dite moitié bout bas, par égalité d'héritage, laquelle moitié tenant d'une part aux abbé et religieux d'Evaux et noble homme François Humbert, fils du dit sieur Claude Humbert, pour l'autre moitié d'une part, et nous peut valoir la dite moitié 16 francs par an. Item, nous sus-dits Humbert, au nom et comme tuteur du dit François Humbert, notre fils, confessons et avouons tenir en fief, foi et hommage de la dite altesse, à cause de son chastel et chastellenie du dit Gondrecourt, l'autre moitié du dit pré du Breuil, contenant icelle moitié 8 fauchées, joindant les dits abbé et religieux des Vaux d'une part, et nous sus-dits Humbert et Chevrières d'autre, à cause des dites Damoiselles Jeanne et Isabelle de Saint-Martin, d'autre part.

Item, une pièce de terres assise au finage du dit Demange, lieu dit Sous-Hazois, contenant 2 jours ou environ, joindant les héritiers Florentin Rollot d'une part, le dit seigneur de Chevrières et son partable d'autre. Et une autre terre plus bas de la même contrée, contenant 5 quartiers de jours ou environ, joindant les dits héritiers du dit feu Rollot d'une part, et nous sus-dit Humbert d'autre, et le tout appartenant au dit François (Humbert), à cause d'acquets faits au dit seigneur de Circourt et damoiselle Gabriel du Lucques, son épouse ; et sur toutes lesquelles choses ci-devant dites, et un chacun d'icelle, nous sus-dits Circourt, Humbert et de Chevrières ès-dits, nous tenons conjointement que divisément avons et nous appartient la haute moyenne et basse justice, sans en rien réserver, soit en ce qui par indivis entre nous, ou ce qui est partagé et divisé, tant à l'abbaye des Vaux, Baudignécourt qu'autre part, et le tout sans que par le présent dénombrement nous entendions déroger aux partages et divisions des dits héritages et choses ci-devant mentionnées faites entre nous, et généralement tout ce que nous pouvons tenir et posséder au dit village, ban et finage et seigneurie du dit Demange, appartenances et dépendances d'icelle tant en hommes, femmes, hommaigers et autres, ou maison, jardin, chenevière, prés, terres, vignes, grains, censes, rentes, tant en argent, chapon et géline, cire, bois, rivière, maison, maisures, en toute haute justice, moyenne et basse, et autres choses quelconques ci-dessus déclarées, sans en rien réserver, soit par indivis, soit par partage fait entre nous : en toutes lesquelles choses, comme dit est, nous avons ès qualités prédites, et déclarons tenir en fief, foi, hommage de son altesse, à cause de son chastel et chastelenie de Gondrecourt, ce dont nous lui avons fait foi et hommage, et promis tous devoirs et services que nous lui devons et pour être tenus à cause du dit fief, sous protestation, toute fois, au cas que nous aurions quelque chose obmissé à mettre et rédiger à ce présent dénombrement, que cela ne nous puisse nuire ni préjudicier, et qu'étant venu à notre connaissance, nous serons toujours prêts de faire mettre et rédiger ce que nous y aurions omis et d'en faire foi et hommage et tout devoir qu'il appartiendra, et selon que la nature du fief le requiert ; en témoins de quoi, nous sus-dits de Circourt, Humbert et de Chevrières, avons soussigné des mains le présent dénombrement et y fait mettre et apposer notre commun sceau et armoirie de nos armes, ce jourd'hui dix-huitième du mois de novembre 1603. Signé en fin : François de Circourt, et de Vannes, et C. Humbert, avec paraphe.

Collationné à son original, en parchemin, seing et entier, et s'est trouvé conforme de mot à autre par le notaire au tabellionnage de Gondrecourt, soussigné, en présence de maître Jean Henry, mayeur de Naives-en-Blois, y demeurant, et de Antoine Jannin, greffier du dit lieu.

Fait au dit Naives, ce jourd'hui 7e jour du mois de janvier 1662, ce requerrant les habitants et communauté de Demange-aux-Eaux, comparant par Nicolas Hacquin, greffier en la prévôté de Demange, et l'original a été rendu à noble Jean Husson, écuyer, qui s'est soussigné. Signé en fin : Husson. — Jean Henry. — A. Jannin — et A. Thomas, notaire.

Nous trouvons à la suite, et à la date de 1605, la vérification de ce dénombrement et l'arrêt rendu par la Chambre des Comptes du duché de Bar, dans lequel il est réservé que les habitants de Demange ne seront plus de fors-mariage, mais pourront se marier où bon leur semblera, en payant une poule de reconnaissance au seigneur ; ils pourront aussi recevoir la tonsure, sans la permission des seigneurs, et ne seront soumis à aucune redevance quand ils iront s'établir hors de la seigneurie, pas plus que ceux qui viendront y demeurer. Ils ne devront payer qu'un franc par an au seigneur et par ménage, pour leurs usages aux bois communaux, et ils seront justiciables de haute, moyenne et basse justice devant la Prévôté de Gondrecourt.

Nº II. — *Etat des meubles et effait qui son au château de Demange-aux-Eaux, qui appartienent à madame la marquise de Stainville.*

Le dix juillet mil sept cent quarante-cinq — commençant par le rée de chausée, apellée le vestibulle.

Nº 1. — Une tapisserie de cuire doré vert et or en cinq morceaux, faisans le contour du dit vestibulle — neuf chaises de paille et deux fauteuils de même paille ; un buffé de bois de bois de chenne, à deux battans, ferment à clef, avec son dessus de marbre ; à la croisée du vestibulle, du cotté du jardin, une tringle avec deux rideaux de toille damasée ; — un dévidoire de bois, garnie de ses deux roues, et les batons de traverse pour les tenir.

Deux robinée, à la fontaine du dit vestibulle, au dessus dela cuvette.

Deux nates dessus le parquet, une petite table à un pied, pour mettre les burettes,

Entre la porte du vestibulle, il y à une Chapelle, dont l'hôtel est un armoire où l'on met les ornemens ; il y a, dans la dite chapelle, deux chandelliers de bois argenté, un crucifie de bois de Ste Lussie, une Ste Vierge de transsilvanie

Un mysel, avec son siné, quatre chassupes, quatre ôbes, un rideau de mouseline avec sa tringle.

N° 2. — *Suite des meubles.* — *Cabinet d'assemblée.*

Une tapisserie peinte à la Chinoisse, en sept morceaux.

Deux croisées, ou il y a à chacune croisée leurs tringle, et deux rideaux à chacune, de toille damassée.

Un Grand coffre de la Chine, fermant à clef.

Une toile peinte dessus.

Un petit cabinet de la Chine, à deux battant, fermant à clef.

Deux boette de la Chinne, de forme ronde et carrée.

Une cassette fond blancs, en decoupure, fermant à clef.

Un armoire de la Chine, à deux battant, fermant à clef.

Une hurs de porcellenne bleu et blanc.

Deux tables de drap vert, une carrée et une longe.

Une paravant de papier de la Chine ; un autre paravant plus petite, pour mettre devant la cheminée ; un petit écrans à géridons.

Trois fauteuils de velour, avec de la tapisserie.

Deux grandes chaises de toille peinte.

Six chaises à la Reine, de toille peinte.

Une grande tabouré de velour, avec de la tapisserie au milieu.

Deux fauteuils de pailles, en enquoignure.

Un fauteuil de canne, en rond.

Deux tabouré de toille peinte.

Deux petits tabouré, à mettre sous les pieds.

Une petite table à un pied.

Suite du numéro 2.

Deux rubans de sonnette, jeaune et blanc.

Un feü d'or moulû, garnie, de sa pelle pincette et tenailles.

Deux coin de cuivre, au coin de la cheminée.

Deux bras, d'or moulû, à deux branches chacune.

Deux vert à mettre des bougies, avecleurs garniture de cuivre, un pot à sucre sur la cheminée, bleu, avec les quatre tasse et sous coupe, bleu et or; quatre goblet de porcelleine, bleu et blanc, avec des anses.

Deux tasses à thé, avecleurs soucoupes, blanches.

Les clef et ferrures sont aux quatre portes.

Six cartes de geograffies, attachée à tapisseries, et quatre sur une table.

Nro 3. La chambre à coucher de Madame la Marquise de Stainville.

Une tapisserie de Turquie, en quatre morceaux, doublée de toille.

Un lit, pareille à la tapisserie, composé d'un impérial, en dedans et dehors de meme, avec quatre pomme, avecleurs plume asortie, garnie de son dossier champ tourné, les bonnes graces, la courte pointe et soublassements; la House blanche, avec une bordure de même que la tapisserie.

Trois matelas, donc deux de futaine et un de toille.

Un lit de plume.

Deux traversins, dont un de plume de duvés, et l'autre de crin.

Un grand fauteuil de tapisserie, à pied doré, de tapisserie des Goblins, avec un gros careau de deuvés, deux autres petit careau de toille, brodé ; un autre de maroquin jeaune, quatre fauteuil tapisserie des Gobins, avec leurs bois ; quatre chaises pareilles aux fauteuils.

¡Deux fauteuils de tapisserie, couleur de feü, à carreaux

Un soffas de paille, garnie d'un matelas de toille peinte ; quatre careaux de toille peinte, remply de plume de duvés ; un rondins de toille brodée.

Un fauteuil de paille, garnie de deux caroaux de maroquin noir.

Nro 3. Suite du même appartement :

Une chaise de canne ; un petit geridons, avec sa beaubeche d'argent achez

Un paravant, papiers des indes.

Un écrans à deux feuilles papiers des indes.

Une table noir à écrire, garnie dun thiroir fermant à clef.

Une petite table, avec son dessus de marbre, et un thiroir fermant à clef.

Une commode de bois de la Chine à deux thiroirs, fermant à clef, avec son dessus de marbre.

Un coin de la Chine, pareille à la commode.

Un autre coin de bois vert, avec un armoire fermant à clef ; une armoire à tablette, fermant à clef.

Deux rideaux dedans, vert, en portière, avec sa tringle.

Quatre rideaux de toille, bordé, de toille peinte, bleu, avec ses deux tringles.

Un feü d'or, moulû garnie de sa pelle, pincette et tenaille; deux bras d'or moulu à deux branches.

Un coin de cuivre, au coin de la cheminée.

Une sonnette, avec son rubans, vert et blancs.

Une petite pendulle à répétition, avec un petit pied de bois noir.

Une hurs de grés, faissans un pot poury.

Un tabouré de paille, une table de toillette.

Un mettier à faire de la tapisserie.

Nro 4 Suittes des meubles.

Dans le cabinet vouté, accotté de lapartement: un pied de table, en consolle, scultė, avec son dessus de marbre.

Deux en coignures de bois de la Chine, fermant à clef, avec des tablettes en dessus.

Une petite table de bois de la Chine à un pied.

Un écrans de carton à un pied.

Deux soffas, garnie chacun de leurs matelas de toille peinte, fait en en coignure.

Deux fauteuils de canne, garnie de chacun deux carreaux de toille peinte ; deux fauteuils garnie de matelas de toille peinte

Un fauteuil de maroquin jeaune, avec son carreau de maroquin.

Une portière de damas vert, en deux rideaux, avec la tringle; deux rideaux de fenestre, de toille peinte, avec la tringle; un feü d'or moulû, avec la pelle, pincette et tenaille.

Nro 5 Suitte des meubles.

Le petit boudois accotté de l'apartemant de Madame:

Une tapisserie de papier des indes, faisans le tour

du boudois ; un soffas de damas vert, garnie de son matelas, de même damas.

Deux carreaux de toille peinte.

Une petite table de marbre, avec son pied.

Un petit bureaux à ecrire, fermant à clef ; deux tabourés de maroquin.

Un fauteuil de canne.

Une chaise, avec un matelas de damas vert.

Un tabouret de tapisserie.

Deux tables de bois.

Un rideau de mousseline brodé, des Indes, avec sa tringle.

Nº 6. Suitte des meubles — petite chambre au dessus du boudois.

Un lit de damas cramoisey, garnie de son impériale, dossier, bonne graces, courte pointe et soubassement.

Une house de camelot blanc, avec ces tringles.

Bois de lit, trois matelas de toille, un lit de plume un traversin.

Une couverte de flanelle double.

Un couve pied de satin blanc picquet.

Une tapisserie de papier.

Une petite armoire à deux battant, fermant à clef

Une petite table.

Une encoigure en tablette.

Deux chaise de paille.

Un tabouré.

Une cuvette de fayance avec son pot.

Au bas de la petite chambre sous l'escalier :

Une petite commode à douze tiroir

Une table de nuit.

Une petite table, pour manger dans le lit.

(Un dernier article a été coupé, au bas de la page, qui ne contient plus que quelques bouts de lettres incompréhensibles. D'autres pages sont aussi déchirées sur lesquelles, ce nous semble, devait se continuer ce curieux inventaire, dressé nous ne savons pourquoi.)

NOTICE

SUR

L'ABBAYE D'EVAUX

PAR

M. L'ABBÉ JACQUOT

NANCY

TYPOGRAPHIE DE G. CRÉPIN-LEBLOND

Grande-Rue (Ville-Vieille), 14.

1882

Extrait des MÉMOIRES DE LA SOCIÉTÉ D'ARCHÉOLOGIE LORRAINE POUR 1882

NOTICE

SUR

L'ABBAYE D'EVAUX

I

De la situation et de l'origine de l'abbaye d'Evaux. — Des donations qu'elle reçoit et de ses achats. — Des vexations qu'elle éprouve et des protections qu'elle reçoit. — Divers pillages et incendies qu'elle subit.

—

1° *De la situation et de l'origine de l'abbaye.*

L'abbaye d'Evaux, ou mieux des Vaux (Vallées), comme on l'écrivait autrefois, était située sur l'Ornain, entre Gondrecourt et Ligny, à deux kilomètres de Demange et à trois kilomètres de Saint-Joire, dont elle dépend depuis la Révolution, après avoir joui de son autonomie jusqu'à cette époque.

Elle avait été fondée, en 1130, par Ebal, comte de Montfort, neveu du comte de Champagne Thibaut II, ainsi qu'on peut le lire au cartulaire de cette abbaye (1), où il est dit que « Henri, évêque de Toul, déclare que » l'abbaye royale, province de Champagne, fondée et » dotée l'an 1130 par Ebal, comte de Montfort, à la » participation et conjointement avec Thibaut II, sur- » nommé le Grand, 9e comte de Champagne, oncle et » seigneur féodal dudit Ebal, d'un commun accord, ont » déterminé de fonder un nouveau monastère de l'ordre » de Citeaux, à l'effet de quoi ledit seigneur Ebal ayant » supplié le susdit seigneur d'agréer qu'il fit don du » lieu et terrain des Vaux, sis dans le territoire de » Frescourt, qu'il tenait immédiatement et féodalement » dudit Thibaut, son oncle, ce qu'étant accordé, ils ont » ensemble donné entre les mains de Bardoni, abbé de » la Crète, savoir : ledit seigneur Ebal, son alleu d'Evaux, » pour y édifier ledit monastère nouveau, en l'honneur » de la bienheureuse vierge Marie, dans le territoire » dudit Frescourt, et ledit seigneur Thibaut, pour pre- » mière dotation, a donné sa ville de Frescourt avec » toutes ses dépendances, sa part de la ville de Saint- » Joire avec ses hommes et femmes, son alleu de » Villers-le-Vert, dit vulgairement Maloxey et sa ville » de Hévilliers, en entier, sans aucune réclamation ni » retenue quelconque, pour lui ni pour ses hoirs, sinon » la garde desdits lieux, et ledit seigneur Ebal a donné » son verger de Montfort, son alleu de Fontenoy et » Plein-Lieu, son bois de Sablaumont et le mont Huot, » de même que la forêt de la Devize, le tout sans en

(1) La charte de fondation se trouve, en latin, aux Archives de Bar ; nous ne l'avons point reproduite, parce que les paroles que nous empruntons au cartulaire en sont le résumé exact.

» rien réserver ni retenir, avec l'usage èsdits bois et » dans tous les autres bois, pour toutes sortes d'usages, » et la pâture, en tous temps, et n'excepte de cette » donation que le Chanois, près la vallée de l'Homme-» Noir, avec le Breuil et la Corvée qui appartient aux » soldats (1) de Baudignécourt et toujours dans le ban » de Frescourt, enfin la pâture vaine et non vaine et la » pêche, en tous temps, par toute la terre ; et, par une » libéralité singulière, ledit seigneur Thibaut a encore » donné 500 livres d'or pour la construction du monas-» tère, le tout en présence du comte de Bar et de plu-» sieurs autres témoins, tant nobles qu'autres, l'an » 1130. »

Un titre particulier nous apprend que la charte de cette fondation fut faite en présence de l'évêque de Châlons, de l'abbé de Saint-Urbain, de celui de Saint-Mansuy et du comte de Bar.

Cette fondation, d'après Dom Calmet, fut confirmée, en 1140, par Henri, évêque de Toul, ci-dessus nommé. Le même Dom Calmet, par erreur sans doute, attribue la fondation de l'abbaye des Vaux à Godefroy, baron de Joinville, et a l'air d'accuser d'inexactitude l'évêque de Toul, « lequel attribue, dit-il, l'honneur de cette fondation, ou plutôt du bâtiment de l'abbaye, à Ebal de Montfort, neveu du comte de Champagne, qui donna 500 écus d'or pour la bâtir ». Au risque de contredire Dom Calmet, qui a été mal renseigné, nous aimons mieux nous en rapporter à la charte de fondation, relatée au cartulaire, et que les religieux d'Evaux connaissaient mieux que personne, puisqu'ils la possédaient.

(1) C'est-à-dire aux seigneurs chargés de faire la guerre.

Dom Calmet ajoute que « l'abbaye des Vaux est située en France, dans l'archidiaconé de Ligny ».

Comme on le voit, d'après l'acte de fondation et comme l'enseigne lui-même Dom Calmet, les religieux d'Evaux étaient de l'ordre de Citeaux, fondé en 1080, près de Dijon, par saint Robert, originaire de Champagne. Ce fut, d'après Dom Calmet, de Morimond (1), célèbre abbaye, au diocèse de Langres, qu'on appela des religieux pour peupler l'abbaye d'Evaux, où ils sont restés jusqu'à la Révolution, c'est-à-dire pendant une période de 662 ans à peu près.

—

2° *Des donations faites à l'abbaye et de ses achats.*

L'abbaye d'Evaux, fondée comme toutes les autres de cette époque par un motif de religion, fut dotée aussi par le même principe de foi qui dominait, surtout dans ce douzième siècle qu'animait la piété de saint Bernard.

Aussi voyons-nous les hauts seigneurs élever des monastères et les pourvoir, avec leurs sujets, afin d'avoir part aux prières des religieux et des religieuses qu'ils instituent. Rien d'étonnant donc que les donations

(1) L'abbaye de Morimond fut fondée la même année que celle de Clairvaux (1114), par saint Bernard; de là le nom de Bernardins donné indifféremment aux Cisterciens, dont saint Bernard fut le propagateur. Ces religieux étaient vêtus d'une soutane blanche et d'un manteau noir, et c'est de leur sein que sortirent, en 1664, les Trappistes, réformés par l'abbé de Rancé. Morimond, d'après Dom Calmet, devint chef de 700 maisons du même ordre.

affluent, dès le principe de sa création, en faveur de l'abbaye d'Evaux.

Nous allons les relater, par ordre de date, telles que nous avons pu les découvrir, tant au cartulaire que dans des titres particuliers.

En 1132, Thibaut, comte de Champagne et seigneur d'Ornois, outre les donations citées plus haut, donne aux religieux d'Evaux « toutes les seigneuries de l'Or-
» nois, savoir sa ville de Hévilliers, Saint-Joire, De-
» mange, Fouchières et Rozières, en toute justice
» (c'est-à-dire haute, moyenne et basse), avec les sujets
» desdits lieux de condition serve, de main-morte,
» poursuite et formariage et le droit d'assises, qui est tel
» que les sujets desdits lieux sont tenus de payer par
» chacun chevàl deux sols provenisiens à la Saint-
» Martin d'hiver ; par chaque vache, un denier, et par
» chaque menue bête, un denier ; trois bichets de bled
» et d'avoine par chaque cheval, sous peine de 60 fr.
» d'amende. Ils pourront vendre leurs chevaux entre
» la Saint-Remy et la Saint-Martin, sous le congé des-
» dits religieux, auxquels ledit seigneur Thibaut donne
» encore le droit, en tous temps, de pâture pour leurs
» bêtes dans toute la prévôté de Gondrecourt. «

En 1136, Henri, évêque de Toul, donne aux religieux d'Evaux toutes les dîmes d'Ormenson.

En 1152, Etienne, évêque de Metz, déclare que « messire Simon de Parroye a donné à l'abbaye des Vaux-en-Ornois, du consentement de Mathieu, duc de Lorraine, les gagnages de Beauzay, avec tous les bois, terres, prés, appartenances et dépendances, comme aussi le moulin dudit gagnage et le pâturage du ban de Serres, le tout du consentement de Mahaut, son épouse, et de Mahaut, sa fille, en présence de Louis, curé de Sorres », et ledit évêque ajoute à toutes ces donations les grosses et menues dîmes.

En 1156, Henri, évêque de Toul, confirme le don fait aux religieux par Amalaric, des dîmes de Frescourt, et de Saint-Martin de Demange.

A cette même époque, un noble, Etienne de Demange, donne à l'abbaye, avec le consentement de sa mère, de sa femme et de ses enfants, tout ce qui leur appartient, pour le salut de leur âme.

En 1159, la fille d'Ebal de Montfort, épouse de Guy de Joinville, donne à l'abbaye le haut du bois, du côté de Demange et en suivant le chemin le long de la vallée qui se joint au vieux chemin, venant de Demange et allant à Ormensin ; elle confirme en même temps les donations faites par son père à Evaux. Henri de la Mothe, la comtesse de Montrote, son épouse, et la comtesse de Gilbert-Viller, sa mère, font les mêmes dons aux religieux, suivant qu'Ebal les avait limités.

En 1150, Brunon, abbé de Saint-Jean de Laon, quitte aux religieux tout ce qu'il possède à Ormenson, ainsi que les prés de Baudignécourt sous Montfort et Aviaux, et autres qu'ils s'étaient appropriés depuis longtemps (1).

(1) Nous citons par curiosité cette lettre, qui est sans date, mais qui paraît se rapporter à cette époque. Elle a été traduite du latin en français par les religieux de l'abbaye d'où elle émane.

« Traduction du latin en français d'un acte de cession fait par M. l'abbé de Saint-Jean, en faveur des religieux des Vaux. »

« Rien n'est plus agréable ni plus doux à la religion que » de s'amplifier de plus en plus et de devenir plus abondante

En 1189, Etienne, prieur de Dammarie, leur cède tout ce qu'il possède dans son alœuf, moyennant un muid de blé et d'avoine qu'ils lui paieront.

En 1202, Gauthier, seigneur de Rinel, donne, pour le salut de son âme et de celle de ses parents, à Notre-Dame d'Evaux-en-Ornois, tout le *village* d'Ormensin, avec le péage et dépendances, dont l'abornement a été fait avec les habitants de Boney, Ribeaucourt et Hidelincourt; il donne également son village de *Voué*, entre Mandres, Chassey, Leméville et Tourailles, en présence de Hugues de Vaudémont, son père, et de Geoffroy, son frère.

En 1213, Philippe, seigneur de Plancy, et Hodéarde, sa mère, donnent à l'abbaye 20 resaux de mouture sur le moulin de Hidelincourt.

A la même époque, jour de Saint-Luc, le doyen de la chrétienté de Gondrecourt fait savoir que Hodin, curé de Hidelincourt, a quitté aux abbé et couvent des

» par le moyen de la charité, pour qu'elle ne manque d'au-
» cun secours, dans la crainte que cette relligion ne dépé-
» risse et ne décroisse, mais pour qu'elle puisse s'entretenir
» par les bénéfices relligieux et s'accr ..ître, c'est pourquoi,
» moi Bruno, par la grâce de Dieu, nommé abbé de Saint-
» Jean, à l'applaudissement, du consentement et par la
» volonté des frères qui nous sont commis, pleins de con-
» fiance et de charité envers les frères des Vaux, leur accorde
» volontiers les prez de Beaudignécourt qui sont situés le
» long de leur abbaye, sous Montfort, et Aviaux, de même
» un qu'ils s'étaient procuré librement, sans aucun reproche,
» depuis longtemps, quoiqu'ils n'ayent pas pris notre avis,
» qu'ils ne nous en ayent pas donné connaissance et qu'ils
» n'ayent pas obtenu notre consentement; quant à moi, je
» consens qu'ils les retiennent et les possèdent pour tou-
» jours, à condition de payer par an un cens de six deniers. »

Vaux-en-Ornois 2 resaux de mouture qu'il leur demandait de dîme.

En 1219, Henri II, comte de Bar, leur donne 10 fr. de revenus sur la place et marché de Ligny, pour faire les cierges de la fête de la Purification, à l'église d'Evaux.

En 1230, Guy de Plancy, seigneur de Gondrecourt, confirme la donation des 20 resaux de mouture, faite par Hodéarde, sa mère, aux religieux d'Evaux, sur le moulin de Houdelaincourt, et, en 1240, lui, la comtesse sa femme et Jeanne, sa fille, leur donnent encore 10 nouveaux resaux de mouture à prendre sur le même moulin.

En 1231, le seigneur de Rinel leur donne les bois situés sur le finage d'Ormenson.

En 1238, Villomin, seigneur de Pierrefitte, leur donne moitié de son fief de Hévilliers. La même année, Ermangarde, dame de Rinel, et Vauthier, son fils, seigneur de Rinel, donnent aux religieux les dîmes de Chassey et le droit de patronage et de collation à la cure de ce lieu. La même année encore, Jeanne, fille de Simon de Pierrefitte, renonce également en leur faveur à ses prétentions sur les dîmes de Chassey.

En 1239, l'évêque de Toul fait savoir que Gauthier, seigneur d'Epinaux, et Hadeville, sa femme, ont donné à l'abbaye des Vaux le tiers de leurs dîmes de Demange.

En 1241 (jour du grand vendredi), Geoffroy de Vaudémont, seigneur de Gondrecourt, donne aux abbé et couvent d'Evaux tout ce qui lui appartient au village d'Ormensin, et notamment le Meix-le-Diable.

En 1245, l'évêque de Toul confirme une donation faite à Evaux par Wilson, doyen de la chrétienté de

Gondrecourt, de ce que lui et son frère prétendaient au moulin de Saint-Joire, et de la moitié des bois qui se trouveront situés, après sa mort, sur ladite abbaye, ainsi que d'autres donations et achats sur Saint-Joire.

En 1249, Guillaume ou Vuillaume, chevalier et seigneur de Baudignécourt, donne, du consentement de son épouse, un préciput de 2 muids de blé à prendre sur ses arrages et terrages, dans la contrée de Saint-Christophe.

En 1262, le même seigneur et Elisabeth, sa femme, donnent aux religieux d'Evaux 5 resaux de mouture sur le moulin de Baudignécourt et un resal de froment, aussi annuellement, pour servir à la construction d'une chapelle à la porte du monastère (mais il est ajouté que ces dons n'ont jamais été payés).

En 1271, Gérard, fils du prince et comte de Vaudémont, donne à Evaux tout ce qu'il possède à Saint-Joire et à Tréveray, tant en hommes et sujets qu'en toute autre chose, et un homme de Demange avec toute sa famille.

En 1273, les religieux d'Evaux achètent tout ce que Geoffroy de Joinville, sire de Vaucouleurs, possédait à Saint-Joire.

En 1275, nous trouvons des lettres de Dom Vivien, abbé d'Evaux, qui constatent que le couvent a échangé avec Thiébaut, comte de Bar, tout ce qu'il possédait à Goussaincourt, moyennant 70 sols de fors à prendre sur la rente de Gondrecourt.

En 1276 et 1282, les religieux reçoivent, par donation entre-vifs, de dame Alix, femme de Jean Vauthier de Jaulons, chevalier, 15 resaux de mouture, sur le moulin de Houdelaincourt, et la même dame Alix leur vend encore 20 reseaux de mouture sur le même moulin, moyennant 50 francs.

En 1278, Geoffroy de Sire-Fontaine, clerc, leur donne 10 jours 1/2 de terres arables, et Arnoud de Mandres, les trois quarts d'un pré sur Chassey.

En 1282, Sauffroy, dit Chardonnet, de Demange, donne à Evaux tout ce qu'il a en la Grande-Morte, en Aviaux.

En 1285, Henri Halay, de Demange, et sa femme, donnent à l'abbaye le quart d'un monceau de foin à Aviaux, avec un nommé Vicaire dudit lieu, en reconnaissance de la paille qu'ils ont reçue de l'abbaye pour couvrir leurs maisons.

La même année, Jean Jamart et Martin Taillet leur donnent deux manoirs leur appartenant par indivis, en la rue du chemin de Demange.

En 1291, Jean Raulet, de Demange, leur vend un pré pour un cheval. La même année, les religieux amortissent les acquêts faits par l'abbaye depuis Saint-Louis.

En 1293, au mois de mai, Philippe-le-Bel, roi de France, accorde, par lettres patentes, diverses libéralités aux religieux d'Evaux, « rappelant que ce monastère, fondé en l'honneur de la bienheureuse Vierge Marie, par Thibaut, comte de Champagne, à la pieuse demande de son neveu Ebal, comte de Montfort et d'Ornois, et par Geoffroy, sénéchal de Champagne, situé dans le territoire de Champagne, ban et finage de Frescourt, avec tous leurs hommes et dépendances, les francs-alleux de Fontenoy et Plein-Lieu avec leurs dépendances, moitié de la seigneurie, ban et finage de Saint-Joire, avec les hommes et femmes, et le moulin banal et dépendances, le franc-alleu de Maloxel et dépendances, le village, ban et finage de Hévilliers entièrement, hommes, femmes et dépendances, la métairie, ban et finage d'Ormenson, avec les dépendances, le francalleu de Voué et dépendances, le village et seigneurie de Rozières, personnes et dépendances, excepté le four que la maison du Saint-Esprit y possède, une partie de la seigneurie, ban et finage de Fouchières, avec personnes et dépendances, tout ce que Thibaut et Ebal leur ont donné sur les territoires de Vaucouleurs, Neuville, Dainville, Chassey, Sire-Fontaine, Leméville, Gondrecourt, Houdelaincourt, Baudignécourt, Delouze, Demange et Tréveray» ; il confirme tous ces biens et droits et ajoute diverses libéralités sur ses biens, affranchissant les religieux, les frères convers et tous leurs gens de toute servitude et impôts de guerre et autres, et prend ladite abbaye sous sa protection, comme étant de fondation roya'e, et donne aux religieux tous les droits de justice, excepté celui de battre monnaie. Ces droits sont confirmés en tant que besoin par Jeanne, reine de France et de Navarre, comtesse palatine de Champagne et de Brie (1).

En 1202, les religieux d'Evaux reçoivent de Gérardin Lovissier, sa femme et autres, de Demange, tous leurs prés au Pierge, en Aviaux.

En 1206, les nommés Guérin et le Rouyer et sa femme, de Demange, donnent à l'abbaye tout ce qu'ils possèdent de prés, sous Montfort.

En 1208, Simon de Parroye donne à perpétuité à l'abbaye d'Evaux tout le droit qu'il avait sur le gagnage de Beauzée, d'autant, « ajoute-t-il, qu'il lui semble

(1) La charte se trouve, en latin, aux Archives de Bar.

que Simon, son père, Berthe, sa mère, et Jean le Champenois, son frère, avaient fait tort audit couvent des amendes qu'on prélevait audit gagnage ; il leur laisse entièrement lesdites amendes, afin que les abbés et religieux prient Dieu pour lui et pardonnent à ses père et mère les maux qu'ils ont faits en ladite grange de Beauzée, » et il leur confirme les six ymaux de froment, mesure de Vic. (La lettre est remise sur leur autel.)

En 1300, Valéran de Luxembourg, comte de Ligny et seigneur de Tréveray, renonce, en faveur des religieux d'Evaux, pour lui et ses successeurs, à tous droits de justice sur leurs hommes de Saint-Joire, Hévilliers et Fouchières. En 1340 ils reçoivent diverses donations de Pierre Josselin, chevalier, de Saint-Joire et évêque de Toul, et de Vivien, fils de Josselin de Saint-Joire, tout ce qu'il possède en la vallée d'escru et qu'il tient en fief du seigneur Atton. La même année aussi, ils reçoivent de Rodolphe, de Demange, fils de Gilbert, sa part d'un pré sous le château de Monfort.

En 1304, Pierre Guillaume, de Remonville, et Margerite, sa femme, donnent aux religieux la moitié du revenu sur le neuf moulin de Houdelaincourt.

En 1385, un nommé Lepeltier, de Demange, vend aux religieux, par le ministère de Laurent Anchier et de Humbert Millet, tout ce qu'il possède sur la côte du Val d'escru.

En 1500 (4 août), il est accordé aux religieux une aide de deux florins, par feu, sur chaque conduit de leurs sujets, dans tout le Barrois, par devant Claude Drouyn et Lamy, notaires à Bar, en la salle des Parlements du château de Bar, en présence de François Bouley, doyen de Saint-Pierre, et de Vincent de Saint-Ouen, seigneur de Robert-Espagne et de Demange-aux-Eaux.

En 1501, Gérard Boland, de Demange, donne aux religieux d'Evaux une terre joindant les fossés de la corvée de l'église de Demange, et cela afin de participer aux prières des religieux.

En 1633, René de Stainville loue le moulin de Demange, sur le revenu duquel le meunier doit livrer soixante bichets de blé, mesure de Gondrecourt, aux religieux d'Evaux.

—

3° *Vexations faites aux religieux et protections qu'ils reçoivent.*

Ce n'est point assurément sans troubles et sans vexations que les religieux d'Evaux furent possesseurs de tous les domaines et de tous les revenus que nous venons d'énumérer. Bien des fois ils furent troublés dans leur légitime possession, non seulement par les particuliers, mais par les seigneurs eux-mêmes à qui leur influence portait ombrage et qui encourageaient même leurs sujets à se joindre à eux pour les dépouiller. Cependant, il faut dire que, la plupart du temps, ces seigneurs reconnaissaient et réparaient généreusement leurs torts, prenant même l'abbaye sous leur protection, ainsi que nos papes et nos rois, qui le firent très-souvent.

C'est ainsi que dès 1159, nous voyons les religieux d'Evaux quitter à Henri, comte de Vaudemont, tous les dommages et intérêts des pertes qu'il leur a fait subir. En conséquence, il les laisse paisibles possesseurs de tous les biens, titres et possessions dont il s'était emparé par violence et de tout ce qui leur a été donné par Ebal, comte de Montfort, et autres bienfaiteurs de ladite église ; et, considérant que ces pauvres frères, placés à l'extrémité du royaume, sont quelquefois molestés, sans pouvoir réclamer secours, il veut qu'à l'avenir ils soient sous sa protection, qu'il étend aux membres et au chef.

Vers la même époque aussi, c'est Henri, évêque de Toul, qui déclare que Gérard de Gondrecourt, mal conseillé, s'est emparé de quelques biens de l'abbaye, entre autres des frères convers des granges de Fontenoy et de Plein-Lieu, et qu'il répare ses torts en donnant aux religieux le droit d'usage dans les bois de Gondrecourt et de Delouze.

En 1165 nous trouvons, rapportée par D. Calmet, une convention curieuse, faite entre Richard, abbé d'Evaux, et Guillaume, abbé de Mureaux (près de Neufchâteau) ; elle porte que « si quelques-uns des religieux de l'un ou de l'autre monastère contreviennent aux articles conclus entre eux, à l'occasion de quelques difficultés réciproques, celui qui y contreviendra se rendra à l'abbaye, nu pieds, tenant dans ses mains des verges, dont le supérieur le frappera, s'il le juge à propos, et, dans le temps de la réfection, il demeurera au milieu du réfectoire, jeûnant au pain et à l'eau, et, étant de retour dans son propre couvent, y continuera le même jeûne, tous les vendredis, durant une année entière. »

En 1189, c'est Agnès, comtesse de Bar, ses sujets de Demange et les pauvres frères de l'abbaye d'Evaux qui terminent un procès, par concession du droit de vaine pâture à Fontenoy, Plein-Lieu, la Devise et reconnaît n'avoir aucun droit, ni à cause de sa souveraineté de Bar, ni de sa seigneurie de Gondrecourt.

En 1223, Hugues de Vaudémont passe une transaction avec l'abbaye d'Evaux, renonçant aux droits qu'il prétendait avoir sur certains habitants de Demange, à condition que ceux de ses sujets qui se marieraient audit lieu, lui paieraient deux sols, dont douze deniers à la Saint-Remy et autant à Pâques, et satisferaient comme les autres sujets aux droits de ban et de corvée.

En 1227, Grégoire IX, pape, croit devoir prendre soin des droits de l'abbaye et invite les archevêques et evêques, dans les diocèses desquels sont situées ladite abbaye et les granges qui en dépendent, « à ne plus user de censures ecclésiastiques contre les meuniers, fermiers des fours et autres qui, pour raison de commerce, d'achat ou de vente, sont en communication avec lesdits abbés et religieux d'Evaux, ou autres gens à eux appartenant ; lesquelles censures ne peuvent avoir d'effet contre les religieux. »

En 1241, Geoffroy, seigneur de Gondrecourt, déclare avoir quitté aux frères d'Evaux toutes les demandes de la garde de leurs terres et bois sis au col de la montagne de Hidelincourt. La même année (jour du grand vendredi), Gauthier de Rinel, seigneur féodal et dominant, confirme la cession faite par Geoffroy de Vaudémont, seigneur de Gondrecourt, de la garde du village d'Ormenson et de la demande du Meix-le-Diable, aborné avec les habitants de Saint-Joire, Neuville et Ribeaucourt, et déclare qu'il renonce à ses prétendus droits en faveur d'Evaux.

La même année encore, nous trouvons des lettres de Philippe de Dreux, comtesse de Bar, veuve de Henri II, qui, sur le différend d'entre les religieux et Geoffroy de Vaudémont, seigneur de Gondrecourt, déclarent que l'alœuf d'Ormenson et ses dépendances, n'ont jamais été du domaine de Gondrecourt ni du ban de Houdelaincourt, et qu'il demeure à l'avenir sous la juridiction de l'abbaye d'Evaux.

En 1244, le même Geoffroy de Vaudémont, déclare « que les villages de Frescourt de Fontenoy et de Plein-Lieu ne sont pas de sa juridiction ni de son domaine non plus que du ban de Demange, avouant que, mal à propos, il avait imposé aux frères de l'abbaye plusieurs choses onéreuses, mais qu'eux, après longue patience, l'ayant traduit enfin devant son prince, le comte de Bar, du consentement d'Alix, sa femme, de Hugues, son frère, et de ses héritiers, avec la permission de sondit seigneur, Thiébaut, de qui il est feudataire, il donne toutes ses pâtures, vaines et non vaines, en tout temps et en tous lieux, avec toute sorte de pêche par tout l'Ornain, aux religieux des Vaux. »

En 1245, le pape Innocent IV accorde aux frères d'Evaux l'exemption de tous les droits qu'exigent les séculiers pour passage à pied ou à cheval, rouages, chariots ou autres, et il supplie le comte de Bar de les prendre sous sa protection et d'empêcher les vexations qu'on leur fait subir.

En 1265, Henri de Luxembourg seigneur de Tréveray, reconnaît n'avoir aucun droit sur Hévilliers et Maloxel, pas plus que sur la part des seigneurs d'Evaux et de Saint-Joire, dont le moulin appartient aux seigneurs d'Evaux.

En 1276, le pape Jean XXI défend à tous, clercs et laïques, de se mettre en possession des bestiaux et des biens de l'abbaye, sous prétexte de dommages, contre les frères convers, ainsi qu'on avait coutume de le faire.

En 1280, Jean, sire de Joinville, seigneur de Rinel et sénéchal de Champagne, reconnaît les droits des religieux sur les villages de Voué et d'Ormenson.

En 1287, nous trouvons un titre de Ferry, duc de Lorraine, portant « que, comme procès et différend fut entre les abbés et couvent de Vaux en Ornois, d'une part, et Berthe, dame de Parroye, Simon, chevalier, Jean le Champenois, son frère, seigneur de Parroye, concernant le gagnage de Beauzée, et les bois dudit gagnage, accord en est fait et pourront lesdits abbés et couvent faire leur volonté desdits bois, excepté qu'ils ne pourront les vendre et tiendront à perpétuité le moulin dudit gagnage etc. »

En 1302, Edouard, comte de Bar, avoue que l'abbaye d'Evaux a droit de pâturage dans les terres de Gondrecourt et que si ses troupeaux y font quelque dommage, elle ne paiera pas d'amende, mais seulement indemnisera le propriétaire de sa perte.

En 1305, Andreux de Joinville, chevalier, duc de Bonnet et de Beaupré, reconnaît les droits des religieux sur Voué et Ormenson et regrette de les avoir tracassés.

La même année, Ancel, sire de Rinel et frère d'Andreux, approuve les mêmes droits.

En 1309, Henri, abbé d'Evaux, consent que Valéran de Luxembourg, seigneur de Ligny, ait, ainsi que ses successeurs, la garde de Maloxel et d'Hévilliers.

En 1312, (9 septembre) Louis, fils aîné de Philippe-le-Bel, roi de Navarre et comte Palatin de Champagne, donne, à Crécy, un arrêt qui, sur la plainte des religieux d'Evaux d'avoir été vexés et dépouillés par un nommé Robert, écuyer, oblige celui-ci à réparer tous les dommages qu'il leur a faits.

En 1337, Edouard, comte de Bar (le plus illustre des ducs de Bar), déclare que les abbés et religieux d'Evaux ont tous droits d'usage, pâturage, pêche et autres aisances dans les seigneuries de Gondrecourt, Demange et dépendances, et leur accorde le droit de faire pâturer, en tous temps, leurs bestiaux par tout son comté et seigneurie de Bar et de Gondrecourt.

En 1347, Jean de Luxembourg, sire de Ligny, reconnaissant avoir fait tort à l'église d'Evaux, déclare n'avoir aucun droit seigneurial à Hévilliers, sinon une petite rente qui doit se payer à certains jours, à Tréveray, entre les mains du prévôt dudit lieu, à peine de soixante deniers, dont moitié au mayeur d'Hévilliers, pour sa contrainte.

En 1383, Charles VI prend l'église et l'abbaye d'Evaux sous sa protection, avec tous leurs gens. Charles VIII en fait autant en 1498, par le bailli de Chaumont.

En 1518, nous lisons un compromis entre les religieux d'Evaux et les habitants de Houdelaincourt, concernant le bois le Vaux d'Escurey et le Meix-le-Diable.

En 1520, nous trouvons une transaction entre Louis de Luxembourg, comte de Saint-Pol et de Ligny, et frère Jean, abbé des Vaux, concernant le gagnage de Maloxel et le Pas-de-Chien ; celle-ci reconnaît le droit de l'abbé à trente-quatre setiers de froment sur la seigneurie de Saulx, ses prétentions sur la seigneurie de Fouchières, ainsi que son droit à cent sols de fors sur les hallages de Ligny.

En 1542, un jugement arbitral porte que le bois le Vaux d'Escurey sera borné et appartiendra aux habitants de Houdelaincourt, sans que l'abbaye y puisse rien réclamer.

En 1545, nous trouvons un accord entre Charles III, duc de Lorraine et les religieux d'Evaux, au sujet du neuf moulin de Houdelaincourt, moyennant un service annuel, le lendemain de Quasimodo, pour le duc.

En 1566, figure une autre transaction entre Marguerite de Savoie, comtesse de Ligny, et l'abbaye d'Evaux, au sujet de trente-quatre setiers de froment, dûs annuellement audit couvent sur la seigneurie de Saulx, et de cent sols provenisiens de rente sur Ligny ; en vertu de cette transaction, les abbés et couvent ont remis à la comtesse les arrérages de la rente, frais et dépens, moyennant cinq cent cinquante écus d'or, et ils consentent à ce que les trente-quatre setiers de froment soient assignés sur d'autres terres que celle de Saulx.

En 1574, une enquête est faite par les officiers du Bassigny, à la requête des religieux d'Evaux, pour avoir connaissance du revenu du moulin de Houdelaincourt et de deux pièces de prés, sis auprès de ce moulin.

En 1576, Charles III accorde aux religieux 4,500 l. tournois pour les aider à réparer l'abbaye, brûlée et saccagée par les religionnaires, c'est-à-dire les protestants ; comme nous le dirons plus loin, il leur accorde en outre deux muids de sel, chaque année, dans les salines de Château-Salins, mais pour cela ils engagent au duc, pour 99 ans, leur bois de Beauzée.

En 1618, les abbé et couvent d'Evaux adressent une requête au duc de Lorraine, au sujet du Meix-le-Diable et celui-ci la renvoie aux gens de la Chambre des comptes, à Bar. Cette même année, existent trois chartes de l'abbaye, concernant le Meix-le-Diable et un bois en litige entre le couvent et les habitants de

Houdelaincourt, et, en 1620, une copie du procès-verbal fait à Ormenson, par Jean Prud'homme, auditeur à la Chambre des Comptes de Bar.

En 1667, on lit aussi une déclaration de pertes de guerre, par un nommé Dany, capitaine de cavalerie pour le service du duc de Lorraine, par devant Tailfumier et Salmon, notaires à Tréveray, portant « qu'en 1636, le 13 novembre, l'abbaye fut la plupart brûlée et pillée entièrement après l'arrivée des Suédois, venus au pays, la veille de Noël 1635 ; qu'il se souvient que tous les meubles furent emportés et les religieux pillés, les titres et papiers jetés par les cloîtres, la cuisine et la grande cour, desquels papiers, Prévot, notaire au ressort de Gondrecourt, retira une partie pour obliger les religieux. »

En 1670, l'abbaye, manquant de portes dont l'entretien était à la charge de l'abbé, avait été exposée au pillage par onze soldats de la garnison de Luxembourg qui y étaient arrivés le 1er mars et qui avaient pillé l'abbaye, emmené douze chevaux des fermiers, un des écuries de l'abbaye, fait prisonnier Dom Chanot, prieur, avec frère Charles Vexou, et commis tant de violences que Dom Charles Gousset, religieux, en était mort de frayeur, le 27 dudit mois de mars.

En 1687, le 10 juillet, Louis XIV fit dresser un état des biens de l'abbaye, situés dans les bailliages de Chaumont, Vitry et Langres ; dans cet état, il est fait mention des pertes de guerre qu'ont subies les religieux d'Evaux, « la plupart des bâtiments ayant été brûlés et ruinés, notamment le cloitre, l'église en partie, la maison abbatiale, l'infirmerie, la chambre des hôtes, le moulin, la bergerie, les écuries, les granges, etc., etc. Il n'est demeuré qu'un seul membre de la maison, n'y ayant plus rien pour vivre, dans ce temps de misère. Les voisins se sont emparés des héritages, et en particulier à Demange, où, de tous temps, sont demeurés les fermiers de l'abbaye. Les nouveaux religieux n'ayant plus de titres et ne connaissant plus leurs biens, on n'a pu recourir qu'aux fermiers qui n'ont déclaré que ce qu'ils ont voulu, parce que, de tous temps, ce village n'a cessé d'élever des contestations contre l'abbaye, ainsi qu'on le constate par plusieurs titres, où l'on voit que les princes et princesses de Bar ont dû intervenir plusieurs fois et condamner la communauté de Demange et même ses seigneurs. »

En 1691, M. de Fontenet, seigneur de Demange, est condamné, comme acquéreur d'un quart et demi de la seigneurie du lieu, sur M. de Stainville, à payer vingt-deux bichets et demi de blé aux religieux d'Evaux sur le moulin de Demange et trente-sept et demi pour la part de la seigneurie du duc de Lorraine, sur le même moulin.

En 1717, cette erreur se trouve au Cartulaire, le duc Léopold confirme les privilèges généraux de l'abbaye, comme Louis XIII l'avait fait en 1626, Louis XIV en 1711, et comme le fit enfin Louis XV en 1719. Ces privilèges consistaient, entre autres, à ce que les sergents de Demange ne devaient venir faire aucune juridiction, ni exploit, ni commettre aucun office, ni percevoir aucune amende à Evaux, comme ils s'en étaient attribué le droit bien des fois, et notamment sous leur seigneur Vincent de Saint-Ouen, en 1497. Nous lisons en effet, sous cette date, « qu'une commission fut adressée par le roi Charles VIII, au bailli de Chaumont, disant que Thomas de Meury, abbé d'Evaux, et du parti du duc de Bourgogne, fit ôter les armes du roi de dessus la porte de l'abbaye et que, pour couvrir cette entreprise téméraire, il fit faire, par force et autorité, à ses religieux, un traité avec Vincent de Saint-Ouen, seigneur de Demange, par lequel il fut dit, par attentat, que ledit seigneur aurait la juridiction avec les amendes ès lieux de Fontenoy, Plein-lieu et Frescourt, et les habitants de Demange leurs usages et pâturages en tous les bois desdits lieux. »

—

4° *Divers pillages et incendies de l'abbaye.*

L'abbaye d'Evaux, comme toutes les choses de ce monde, ne manqua point de subir bien des vicissitudes pendant sa longue existence, six fois et demi séculaire. Elle fut pillée et brûlée plusieurs fois, par suite de guerres, jusqu'à ce qu'enfin elle fut démolie et rasée, au commencement de ce siècle, vers 1813.

Elle fut d'abord pillée, en 1312, par un nommé Robert, écuyer, sans qu'on indique pourquoi et dans quelles circonstances. Mais nous avons vu, à cette occasion, Louis, fils aîné de Philippe-le-Bel, rendre un arrêt, à Crécy, en 1312, sur la plainte des religieux, pour obliger ce Robert à les indemniser des pertes qu'il leur avait causées.

En 1568, l'abbaye fut brûlée dans le désordre occasionné par les guerres du prince de Condé qui, comme on le sait, sous Charles IX, roi de France, se mit à la tête des protestants, dans les guerres de religion, et causa beaucoup de ruines dans notre pays.

En 1575, l'abbaye fut de nouveau pillée par les religionnaires « qui enlevèrent la basse-cour et les meubles, en sorte que les religieux furent obligés de se disperser et de se sauver dans les bois, pour se soustraire à leur fureur » ; la perte éprouvée alors par l'abbaye fut estimée, d'après D. Calmet, à cent mille florins d'or(1), ce qui donne une idée de la richesse de cette abbaye. C'est en suite de cette dévastation et de la précédente que les moines engagèrent pour 99 ans leurs bois de Beauzée au duc de Lorraine et de Bar, Charles III, pour en recevoir 4,500 livres tournois et 2 muids de sel sur les salines de Château-Salins. C'est encore pour parer à ces dévastations que nous trouvons, en 1608, la permission donnée aux frères d'Evaux, par l'abbé de Morimond, leur chef hiérarchique, d'aliéner les biens de l'abbaye pour la construction du clocher de l'église, et que, la même année, nous lisons une adjudication pour la réparation de l'abbaye et du clocher de la chapelle, moyennant la somme de 325 livres, l'ancien, y est-il dit, ayant été brûlé en 1568, dans le désordre occasionné par les guerres du prince de Condé.

En 1636, l'abbaye fut aussi brûlée en partie et pillée entièrement par les Suédois, qui emportèrent les meubles et jetèrent les titres et les papiers par les cloîtres.

En 1676 (2), elle fut encore pillée, faute de portes,

(1) Le florin valait 10 fr. 50 de notre monnaie, ce qui élève la perte à un million cinquante mille francs.

(2) Ce fut pendant la guerre que Louis XIV fit à la Hollande et à l'Espagne du côté desquelles s'était rangé l'imprudent Charles IV, duc de Lorraine, qu'eut lieu cet affreux pillage. Ses Etats furent promptement envahis et soumis par les troupes des généraux de Luxembourg, Vauban, Louvois, Turenne et Condé.

par onze soldats de la garnison de Luxembourg, qui y arrivèrent le 1er mars et y commirent tant de violences, qu'après avoir emprisonné le prieur et un autre frère, ils firent mourir de frayeur Dom Gousset, religieux, comme nous l'avons dit ci-dessus.

On ignore si les bâtiments subirent plus tard d'autres dévastations, mais on trouve relatée, le 3 août 1761, la bénédiction de la première pierre d'une nouvelle église, faite par M. Thénon, abbé de Morimond. Nous apprenons aussi, par le rapport du prieur Duchanoy, à l'Assemblée nationale, en 1790, que les bâtiments de l'abbaye étaient nouvellement et solidement construits. Nous y reviendrons au chapitre 3e.

II.

Des abbés d'Evaux, depuis l'origine jusqu'à la fin de l'abbaye. — L'abbé, seigneur d'Evaux et de Hévilliers jusqu'à la révolution. — Des fermes ou domaines de l'abbaye. — Des revenus, des charges et des aumônes des religieux.

—

1° *Les abbés d'Evaux, depuis l'origine jusqu'à la fin de l'abbaye.*

C'est au cartulaire de l'abbaye d'Evaux et dans des titres particuliers que nous avons pu nous procurer les noms de tous les abbés, soit réguliers, soit commendataires (1), qui ont gouverné l'abbaye depuis sa fonda-

(1) Les abbés commandataires étaient ceux à qui le roi assignait comme pension le revenu d'une ou de plusieurs riches abbayes. C'était un titre nominal, mais ils n'en fai-

tion jusqu'à la dispersion de ses religieux. Le premier est Dom Baudoin, d'après le Père Benoît Picart (1). Le deuxième, Dom Millon, en 1140. Le troisième, Dom Bernard (sans date). Le quatrième, Dom Richard (2), en 1163 ; il est qualifié d'abbé régulier, mais nous supposons que les trois premiers étaient aussi des abbés réguliers, car il n'y avait pas encore d'abbés commendataires à cette époque. Le cinquième est Dom Thiébaut, en 1170, Le sixième, Dom Varry, en 1187. Le septième, Dom Hugues, en 1200. Le huitième, Dom Orry, en 1241. Le neuvième, Dom Vivien, en 1270. Le dixième, Dom Henry, en 1293. Le onzième, Dom Pierre, en 1313. Le douzième, Dom Demange de Brouxey, en 1334. Le treizième, Dom Nicolas, en 1355. Le quatorzième, Dom Guillaume, en 1358. Le quinzième, Jean de Troucey, en 1371. Le seizième, Thomas, en 1400. Le dix-septième, Olry de Chalbrague, en 1405. Le dix-huitième, Jacques de Mauvages, en 1422. Le dix-neuvième, Jean de Baudignécourt, en 1451. Le vingtième, Thomas de Meury, qui était du parti du duc de Bourgogne et trahit Louis XI, comme nous l'avons dit, en parlant du seigneur de Demange, Vincent de Saint-Ouen, à qui il vendit les droits de l'abbaye en 1470. Le vingt-unième, Thomas Guyot, en 1477. Le vingt-deuxième, Thomas de Menins, en

saient pas les fonctions ; ils n'étaient pas même prêtres, la plupart du temps, et ne résidaient point à l'abbaye. Les abbés réguliers étaient élus par les religieux et résidaient avec eux.

(1) Ce Baudoin doit être le même que Bardoni que nous trouvons cité au cartulaire dans l'acte de fondation de l'abbaye, et dont le nom aura été tronqué.

(2) C'est lui qui fit avec l'abbé de Mureaux la curieuse convention que nous citons plus haut.

1483. Le vingt-troisième, Thomas Humbert, en 1489. Le vingt-quatrième, Didier de Toul, en 1495. Le vingt-cinquième, Didier de Gondrecourt, en 1501. Le vingt-sixième, Nicolas Lepaige, de Grand, en 1520. Le vingt-septième, Michel de Haraucourt, en 1535. Le vingt-huitième, messire Claude de Haraucourt, premier abbé commendataire, en 1550. Le vingt-neuvième, messire François de Choiseul, second abbé commendataire en 1561. Le trentième, messire François Mongeot, en 1582. Le trente-unième, Dom François Olry, abbé régulier, en 1593. Le trente-deuxième, Dom Laurent Olry, abbé régulier, en 1606. Le trente-troisième, messire François Didier, abbé commendataire, en 1623. Le trente-quatrième, messire Jean de la Barre, abbé commendataire, en 1626. Le trente-cinquième, messire Christophe Grisson, seigneur de Beaumont, abbé commendataire, en 1650. Le trente-sixième, messire François de la Barre (1), abbé commendataire, en 1654. Le trente-septième, Messire Antoine de Thélis de Vallorges, abbé commendataire en 1684. Le trente-huitième, Alexandre Lecordier du Troncq, commendataire, en 1694. Le trente-neuvième, Pierre de Stappa, abbé commendataire, en 1695. Le quarantième, Scipion, Jérôme Begon, évêque et comte de Toul, commendataire en 1728. Le quarante-unième, Charles de Sailly, conseiller, du roi, aumônier de Mme la Dauphine et grand-chantre de la Sainte-Chapelle, en 1754. Le quarante-deuxième,

(1) Cet abbé loue, en 1665, à Jean Simon, marchand à Domange, les deux tiers des dîmes de Domange, les deux tiers d'un préciput de 60 bichets de blé sur le moulin de Demange et six fauchées de prés, en Ruelle pré, ainsi que le pré Saint-Martin, de huit fauchées.

M. de Gaston, en 1770. Le quarante-troisième, M. de Héré, évêque et comte de Dol, en Bretagne, en 1785. Le quarante-quatrième et dernier probablement, fut M. Didot, en 1788 (qualifié de Monseigneur dans des titres envoyés au district de Gondrecourt, en 1790).

—

2° *L'abbé d'Evaux, seigneur d'Evaux et de Hévilliers.*

Les religieux d'Evaux furent à la fois seigneurs d'Evaux et de Hévilliers jusqu'à la Révolution. Thibaut II, comte de Champagne, oncle d'Ebal de Montfort, leur fondateur, leur avait donné cette attribution, comme on l'a vu par l'acte de fondation de l'abbaye.

C'était sous le grand portail de l'église que la justice se rendait, à Evaux, par un juge-garde (titre particulier). Comme haut justiciers, les religieux devaient pourvoir à l'entretien de tous les officiers de justice, tels que prévôt, lieutenant de prévôté, procureur fiscal, sergent, greffier, gruger, etc. En 1680, nous trouvons, parmi les employés, un M. François Richelot, qui est procureur, et un M. Antoine Thomas, qui est notaire à la seigneurie d'Evaux. En 1720, c'est un M. Maucourant qui est juge-garde et gruger tout à la fois, pour devenir procureur en 1758.

La terre et seigneurie de Hévilliers appartenait également à l'abbé d'Evaux qui y avait une maison seigneuriale. Les habitants étaient serfs ; ils avaient été affranchis, il est vrai, en 1538 (1), mais néanmoins, ils étaient

(1) En 1335, nous trouvons une transaction qui remet aux habitants et étrangers le droit de formariage et de forfuyance, auxquels ils étaient assujettis, comme serfs, leur

redevables des corvées suivantes qui se perpétuèrent jusqu'en 1790. Ils devaient trois journées de corvées de terres, par chaque ménage, en temps de moisson. Chaque feu devait cinq sols et deux paires de blé et d'avoine, par ménage plein, moitié par demi-ménage ; trois paires de blé et d'avoine et six sols par chaque cheval de culture ; deux paires de blé et d'avoine et deux sols par chaque bœuf de trait ; une paire de blé et d'avoine et deux sols par chaque vache de trait. Comme droit de pâture, ils devaient six sols par bête à corne, six sols par chèvre, six sols par porc et un denier et trois sols par bête à laine et un denier, ce qui produisait un total moyen, pour soixante ménages, de deux mille livres. (Estimation faite au district de Gondrecourt en 1791). C'était un M. Henrion, résidant à Ligny, ancien officier d'infanterie en même temps receveur de l'Hôtel-de-Ville, qui, en 1785, était fermier général de la mense abbatiale de Hévilliers et des dîmes de Demange, qu'il sous-louait à M. Jean-Baptiste Viardin, moyennant la somme de 3,240 livres et 25 livres de poisson.

En 1791, c'était un M. Pierre Muel, également de Ligny, qui était fermier général de la mense abbatiale de Hévilliers. Les habitants ayant refusé de payer les corvées mentionnées plus haut, le fermier réclama au district de Gondrecourt lequel fit faire une expertise, afin de connaître le taux de ces corvées, abolies désormais par l'Assemblée nationale et de pouvoir l'indemniser en conséquence.

—

permettant de se marier où bon leur semblerait et de disposer de leurs biens par vente, échange, etc., pourvu que ce fût à des sujets de la seigneurie d'Hévilliers (cartulaire).

3° *Des fermes ou domaines de l'abbaye.*

L'abbaye, outre sa ferme d'Evaux, appelée le *Bouvrot*, possédait encore les fermes d'Ormenson ou de Saint-Thiébaut, de Saint-Antoine, des Coffés et Basset, de Fontenoy, de Plein-Lieu et du Champ Larippe.

I. — La ferme de Saint-Thiébaut ou d'Ormenson, située dans le val de ce nom, à une lieue de l'abbaye, avait encore une chapelle en 1700, avec des bâtiments et un ermitage. Ormenson est même qualifié de village en 1241 (1), et un haut-fourneau y était installé avant 1103, époque à laquelle il fut démoli. Rebâti plus tard, il fut détruit de nouveau en 1500, par ordre des religieux d'Evaux (2).

II. — La ferme de Saint-Antoine, qui existe encore à deux lieues de l'abbaye, entre Ribeaucourt et Burre, non pas telle toutefois que du temps des religieux, dépendait de la mense abbatiale. Mais nous n'avons trouvé aucun document qui nous révèle sa contenance ; nous savons seulement qu'elle fut vendue avec l'abbaye en 1700, au district de Gondrecourt.

III. — La ferme des Coffés et Basset était située sur le ban de Saint-Joire.

IV. — Celle de Fontenoy, qui était alors du ban d'Evaux et qui est aujourd'hui de celui de Demange, est qualifiée

(1) Ce village fut détruit, paraît-il, par Henri II, comte de Bar, vers 1230, dans une guerre contre Mathieu, duc de Lorraine, ainsi que soixante-dix villages de l'Ornain, tels que Sainte-Marie, entre Gondrecourt et Bonnet, Voué, entre Mandres et Chassey, etc. (Notice sur Montiers-sur-Saulx par M. Bonnabelle, 1880).

(2) Cartulaire passim. et Inventaire des chartes par M. Marchal, archiviste à Bar-le-Duc, p. 188.

de village en 1244, et ce qui porterait à croire qu'il y a eu autrefois plus qu'une ferme à cet endroit, c'est qu'on connait encore *la place du four*, située à quatre cents mètres environ de l'ancienne maison de ferme. Le village aurait été probablement détruit en même temps que celui d'Ormenson pour ne plus constituer qu'une ferme qui, elle-même, fut brûlée, ou en 1636 par les Suédois, ou en 1670, lors de l'invasion des troupes de Louis XIV. Ce qu'il y a de certain, c'est qu'en 1680 elle était sur le point d'être réparée par les religieux et qu'en 1730, elle n'avait plus de bâtiments. Avaient-ils été réparés pour être de nouveaux détruits? C'est ce que ni l'histoire ni la tradition n'ont pu nous dire.

V. — Les fermes de Plein-Lieu et du Champ Larippe y attenant, qui faisaient elles-mêmes partie du ban d'Evaux, appartiennent aujourd'hui à celui de Demange. Aucun bâtiment n'est signalé au champ Larippe, mais il y avait sûrement à Plein-Lieu un bâtiment de ferme dont un puits entouré de buissons indique encore l'emplacement. Plein-Lieu est même nommé aussi village en 1244, comme Fontenoy. Mais quand et par qui fut-il détruit, ainsi que la ferme qui lui a survécu? c'est ce que rien ne nous apprend.

4° *Des revenus, des charges et des aumônes des religieux.*

D'après le Pouillé du diocèse de Toul en 1711, les revenus de l'abbaye d'Evaux sont évalués à 4,800 livres. « La mense abbatiale, qui comprend les deux tiers des revenus, y est-il dit, vaut, année commune, 3,000 livres et celle des religieux 1,800 livres. » L'Almanach royal de

1757 porte ces revenus à 7,000 livres. D'après les comptes fournis au district de Gondrecourt, en 1790, ils ne sont même estimés que 6,000 livres. Cependant l'estimation du prieur envoyée à l'Assemblée nationale les avait portés à la somme de 10,303 livres.

La ferme du Bouvrot de l'abbaye était louée 2,800 livres à Nicolas Lapanne de Saint-Joire.

Le Bouvrot de Demange était laissé pour douze livres au sieur Malingrey, curé.

La ferme de Saint-Thiébaut ou d'Ormenson était louée 1,480 livres à Vincent Marotte. Celle des Coffés et Basset sur Saint-Joire était louée 370 livres à Antoine Labrosse.

Celles de Plein-Lieu et du Champ Larippe étaient louées 2,412 livres à Jean-Baptiste Viardin, de Demange, et celle de Fontenoy 1,400 livres à Charles Richelot, aussi de Demange.

La dernière location, pour neuf années, des terres de Plein-Lieu et du champ Larippe, avait été faite, par Dom Claude Antoine Quieufzer, prieur, et Dom Bourceret, procureur, à Jean-Baptiste Viardin, maître en chirurgie à Demange, le 2 mars 1782, moyennant le canon de 2,400 livres et 12 chapons que le fermier payait en quatre termes : à la Saint-Martin, le 11 février, le 11 mai, et le 11 août. Le dernier canon payé fut celui de 1789, et les religieux durent en tenir compte, par ordre du district, sur leur traitement de 1790.

La somme qu'il fallait chaque année à l'abbaye pour subvenir à ses charges, est évaluée par le prieur à 8,673 livres, et il en indique les motifs. Les religieux avaient en effet à pourvoir non seulement à l'entretien de l'abbaye, à celui des ouvriers, des domestiques et au leur, mais ils avaient à payer en outre un revenu annuel en cour de Rome, revenu qui, en 1757, était de 150 florins d'or ; ils devaient aussi au roi le don gratuit qui, pour l'année 1790, était de 178 livres. Ils devaient entretenir les chemins, et nous trouvons à ce sujet, en 1629, une sentence du procureur du roi près de la maîtrise de Chaumont qui les oblige à rétablir le grand chemin venant de Gondrecourt, près de la Fontaine aux Glinves (sic), alléguant qu'ils étaient chargés de l'entretien de ce chemin, la route de Ligny à Gondrecourt n'ayant été faite qu'en 1750.

Aussi, loin d'être dans l'abondance, malgré ses richesses apparentes, l'abbaye était endettée de 50,001 livres, par suite de dépenses faites pour élever un pont sur l'Ornain, pour construire des maisons de vignerons, bâtir un mur, simplement commencé, autour de l'abbaye, etc., etc.

Toutefois, malgré ces dettes et ces charges, il est notoire que la charité a été l'apanage des religieux d'Evaux, comme des autres monastères qui, d'après le vœu de l'Eglise, ont toujours été autant d'asiles ouverts aux étrangers et aux pauvres. Rien que dans la seule abbaye de Cluny, sœur de celle de Citeaux, on nourrissait par an 17,000 pauvres.

L'abbaye d'Evaux ne dégénéra point de cette tradition de bienfaisance que lui avaient léguée ses sœurs aînées, et chez elle, comme ailleurs, il y avait des chambres des hôtes (elle en possédait jusqu'à quatre) ; et on sait qu'une salle de compagnie, ainsi que les plus beaux meubles et les plus fins linges étaient réservés à l'usage des étrangers. Mais, en outre, deux fois la semaine, le dimanche et le jeudi, on réunissait à l'abbaye tous les pauvres de la contrée, pour l'entretien desquels une somme de 500 livres, sans compter la part du tiers-lot, c'est-à-dire de l'abbé, était portée annuellement au budget de la maison. Aucun n'avait garde de manquer à l'appel, paraît-il, et là, après avoir reçu de l'économe ou procureur quelques bonnes paroles d'encouragement, ils en recevaient aussi de larges distributions de pain, de viande, de vêtements et d'argent même (1).

III

Description des bâtiments, de la chapelle et des dépendances de l'abbaye. — Derniers moments des religieux et leur dispersion. — De la vente du monastère et de ses fermes. — De la démolition de la chapelle et des bâtiments de l'abbaye.

—

1° *Description des bâtiments, de la chapelle et des dépendances de l'abbaye.*

Les bâtiments de l'abbaye d'Evaux, qui subsistaient encore au commencement de ce siècle, et qui consistaient en deux ailes, étaient princiers, paraît-il (2). Devant

(1) Nous tenons ces détails de plusieurs témoins, mais en particulier de Anne Thouand, veuve de Nicolas Mourot, connue ici sous le nom de *Mère Chouron*, morte en 1870, à l'âge de 90 ans, et qui nous assurait que, sans être précisément indigente, elle avait profité bien des fois, comme tant d'autres enfants de son âge, des largesses que les religieux ne refusaient à aucun de ceux qui se présentaient.

(2) M. Remy Thouand, de Demange, octogénaire, qui a vu l'abbaye bien des fois, nous en a fait la description que nous essayons de reproduire.

et derrière le monastère se trouvaient deux gigantesques perrons, très élevés, conduisant à l'habitation qui était située au premier, le rez-de-chaussée étant occupé par les cuisines, les caves, les celliers, les remises, les bûcheries, etc.

L'entrée de la maison était située au nord-ouest, du côté de Saint-Joire, et était précédée d'une cour d'honneur. Du haut du perron de la cour, on entrait dans un cloître très-spacieux qui débouchait sur le perron du jardin. Au premier et au second étages se trouvaient quantité de chambres et de cellules, toutes, éclairées par deux fenêtres ; attenant à l'aile gauche, du côté du levant, était située la chapelle, « magnifique petite église toute neuve », bien ornée, et derrière le chœur de la chapelle était le cimetière des religieux, à l'endroit même du canal de la Marne au Rhin, puisqu'en creusant ce dernier, en 1841, on a retrouvé les caveaux et les corps de plusieurs religieux.

La chapelle, dit-on, était très-riche en ameublements et surtout en boiseries. Elle possédait trois cloches, un orgue, une horloge, et un magnifique baldaquin qui en surmontait l'autel principal. On y administrait aussi les sacrements aux nombreux ouvriers qui exploitaient la ferme, sous la direction des pères, ainsi que nous avons pu le constater par l'inspection des registres de la paroisse de Demange, où sont consignés les actes de baptême, de mariage et de sépulture des habitants de l'abbaye, dont l'un des religieux avait le titre de curé (1).

(1) En 1774, M. de Gérauvilliers est curé de l'abbaye, et en 1789 et 90, c'est M. Savoy qui a ce titre.

Au mois de juin 1790, les adjudicataires des biens de l'abbaye avaient demandé au district de Gondrecourt qu'on voulût bien leur conserver la chapelle telle qu'elle était, afin de pouvoir y faire dire la messe aux nombreux ouvriers de la ferme, mais il leur fut répondu que l'autel, les cloches et l'horloge pouvant produire beaucoup d'argent, le tout serait vendu au profit de la nation, ce qui fut fait, comme on le verra.

Outre la chapelle dont on vient de parler, il y avait celle dite : de *Saint-Césaire*, fondée en 1622, par Dominique L'hôte, et desservie par un vicaire (1). Cette chapelle a-t-elle subsisté jusqu'à la fin de l'abbaye ? Cela n'est pas probable, puisqu'il n'en est fait aucune mention, ni par le prieur Duchanoy, ni dans aucun des titres relatifs à l'abbaye.

À côté du couvent se trouvaient : la *maison de ferme*, composée de corps de logis, de granges, d'écurie, de bergeries ; les maisons de *vignerons*, de *gardes de bois* etc., etc., enfin tout le matériel d'une immense métairie.

L'abbaye possédait aussi, au moins à une époque plus reculée, un moulin, une forge et un étang.

L'existence d'une *forge* est signalée dès 1250 à Evaux, car, à cette date, un M. Nicolas Talfumier, maître de forges, résidant à Evaux, achète à Antoine de Luxembourg, comte de Ligny, la coupe des bois de Reffroy, de Commercy et de Bovée. Brûlée ou démolie ensuite, cette forge fut rebâtie vers 1685, par les soins d'Antoine de Thélis de Vallorges, abbé d'Evaux. Mais, regardée, en 1690, comme

(1) Géographie de la Meuse, article Evaux.

« plus infructueuse qu'utile », elle fut démolie, en 1699, par arrêt du Grand-Conseil. Toutefois, elle dut être rebâtie à nouveau, car il en est encore question en 1703, ainsi que du moulin.

L'existence d'un *moulin* et d'un *étang* à Evaux est également attestée dès 1635, puisqu'à cette époque, on voit signalé un bail fait pour quinze ans, à Nicolas Gérard, de Demange, et à sa femme, du moulin et des deux tiers de l'étang de l'abbaye d'Evaux, par devant maître Talfumier, notaire en la baronnie. Ce moulin fut brûlé en 1676, comme on l'a vu, mais il fut rebâti, car il subsistait encore en 1687 et même en 1703.

Le *clôs* de l'abbaye, qui était ceint de murs en partie, du côté du levant (murs dont on voit encore les débris) était fermé, au couchant et au midi, par la rivière elle-même. Il mesurait, d'après un titre fourni au district, une surface de 3,162 verges, et le verger avait 1,600 verges. D'après le rapport du prieur Duchanoy, le terrain de l'abbaye, comprenant les bâtiments, la cour, le potager et le verger, étaient « d'une contenance d'environ dix arpents, mesure du Châtelet ».

—

2° *Derniers moments des religieux et leur dispersion.*

Mais le moment approchait où les ordres religieux allaient disparaître, sous les coups de la tourmente révolutionnaire. Malgré leur renonciation à la dîme, dans les Etats-généraux de 1789, malgré leur empressement à souscrire pour le quart de leurs revenus pendant trois ans, afin de contribuer à l'extinction de la dette de l'Etat, malgré leur acquiescement à un traitement payé par le trésor, avec renonciation à leurs biens, tout devenait inutile (1). L'heure de la Providence avait sonné pour eux et les innocents allaient payer pour les coupables. La Révolution, qui prétendait exterminer la religion, ne voulait plus ni de religieux, ni de curés. Aussi, lisons-nous, dans les registres de la municipalité de Saint-Joire, où elles se trouvent consignées, toutes les tracasseries que les frères d'Évaux eurent à subir, de la part de ces édiles de l'époque, s'arrogeant le droit, en vertu des décrets de l'Assemblée nationale, de fureter dans tous les coins et recoins du monastère et d'apposer leur *veto* aux actes des moines dont ils s'érigeaient les maîtres absolus.

C'est alors que les religieux, comprenant où les conduiraient toutes ces mesures oppressives et arbitraires, profitèrent de l'autorisation de l'Assemblée nationale pour se dissoudre (2), après s'être présentés à la Mairie, un mois à l'avance, pour y faire leur déclaration de sortie, comme l'exigeait le décret.

Voici cette déclaration, écrite, sans date, sur les registres de la commune de Saint-Joire, de la main du prieur Duchanoy, au nom de ses frères en religion : frère Huré, sous-prieur, frère Pagnot, procureur, et frère Savoy, curé, qui la signèrent avec lui. « Pour se conformer au » décret de l'Assemblée nationale qui ordonne de dé-

(1) Un décret du 2 novembre 1789 avait mis les biens du clergé à la disposition de la nation.

(2) Un décret du 13 février 1790 supprimait les ordres religieux et les vœux monastiques.

» clarer son intention pour rester dans la religion ou
» sortir du cloître, après avoir considéré qu'un autre
» décret permet de suivre pareille déclaration quand le
» religieux le jugera à propos, pourvu que l'on se pré-
» sente un mois auparavant devant la municipalité du
» lieu, je désirerais avant que de m'engager de nou-
» veau, savoir sur quoi seront établies les pensions.
» Ainsi je supplie l'Assemblée de m'accorder jusqu'au
» décret qui fixera irrévocablement l'état des pensions
» et sur quels fonds elles seront établies, pour faire
» une déclaration de sortie. »

A la suite de cette déclaration, se trouve la mention suivante, du conseil municipal de Saint-Joire, signée des religieux et du greffier du conseil : « Aujourd'hui dix-
» sept novembre mil sept cent quatrevingt dix, se sont
» présentés en ce greffe municipal vers les deux heures
» de l'après-midi MM. Claude Antoine Duchanois prieur,
» Joseph Huré sous-prieur, Jean-Baptiste Savoy curé,
» Henry Gratien Pagniot procureur, qui sont tous les
» religieux composant la communauté de l'abbaye royale
» Notre-Dame d'Evaux, nous ont déclaré leur intention de
» sortir, en conformité des décrets de l'Assemblée na-
» tionale et n'étant plus dans l'intention l'un et l'autre de
» rester en communauté, vu les circonstances présentes
» et nous ont de même déclaré qu'en conformité dudit
» décret de l'Assemblée nationale qui leur accorde le mo-
» bilier de leurs chambres à chacun d'eux qui se propose
» de les faire conduire où bon leur semblera et le reste du
» mobilier étant sous les sceaux du district de Gondre-
» court apposé par les commissaires nommés à cet effet.
» Fait et arrêté au dit greffe les ans mois et jours
» avant dit et ont tous signé. »

Frère Duchanoy prieur, frère Huré sous-prieur, frère Savoy curé, frère Pagnot procureur.

J. Defer,
greffier.

Nous voici donc arrivés à l'heure de la dispersion des religieux d'Évaux ! La maison va rester seule, privée de ses légitimes possesseurs ; la chapelle, où retentissaient depuis plus de six siècles et demi les louanges du Seigneur, va demeurer muette, jusqu'à sa destruction, qui n'est pas éloignée, et le voyageur, en passant, n'apercevra plus qu'un vaste tombeau, en attendant qu'il ne constate plus que des ruines !

Où sont allés les religieux en sortant de l'abbaye, avec leur chétif mobilier ?

Sans doute qu'ils sont venus d'abord demander l'hospitalité à leur confrère, M. Malingrey, curé de Demange, qui était de leur communauté, et qui n'a quitté sa cure qu'au mois d'octobre 1792, quand, après avoir chassé l'avant-garde, dans les religieux, la révolution triomphante chassa l'arrière-garde, dans les curés. Mais de là se sont-ils réfugiés en Angleterre, comme on nous l'a dit ? c'est ce que nous ne pouvons affirmer. En tous cas, ils sont allés probablement, comme tant d'autres, demander à une nation étrangère l'hospitalité que leur patrie leur refusait, et y finir leurs jours dans l'exil.

Telle fut la fin de cette célèbre abbaye d'Evaux dont l'impiété n'a point manqué de discréditer les membres, ici comme ailleurs, lançant contre eux les accusations les plus stupides et les plus malsaines. Cependant, avant de souscrire à ces accusations, nous nous permettrons deux simples questions à leurs détracteurs. Comment se fait-il que leur confrère, curé de Demange, fût en vénération parmi ses paroissiens, comme nous avons pu le constater par les actes de la paroisse et par la tradition des anciens du pays, quand ses frères de l'abbaye, d'où il sortait et dont il devait respirer le même esprit, eussent été des monstres de perversité ? Et ensuite comment se fait-il que, parmi les actes de perversité qu'on leur reproche, aucun ne se soit transmis jusqu'à nous.

Et qui donc a été si ardent à les accuser, sinon ceux qui les avaient dépouillés ou qui avaient bénéficié de leurs dépouilles, espérant, par ce moyen, sans doute, atténuer, aux yeux de leurs compatriotes, l'injustice de leurs spoliations.

Qu'il y ait eu des abus dans les abbayes, vers la fin surtout, où elles étaient presque sécularisées par la nomination royale de leurs abbés commendataires, rien de surprenant. Et quel est donc le corps social qui n'ait jamais rien eu à se reprocher ? Mais, à côté des abus, qui ont été loin de ressembler aux débordements que l'impiété leur a malicieusement prêtés, il y a eu des vertus incontestables et de grands avantages temporels et spirituels qu'il nous serait facile de faire ressortir, si nous n'aimions mieux citer, sur ce point, le témoignage de Voltaire qui paraîtra moins suspect.

« On ne peut nier, dit-il, qu'il y ait eu dans le cloître » de très-grandes vertus ; il n'est guère encore de mo- » nastère qui ne renferment des âmes admirables qui » font honneur à la nature humaine. Trop d'écrivains » se sont plu à rechercher les désordres et les vices » dont furent souillés quelquefois ces asiles de » la piété. Il est certain que la vie séculière a toujours » été plus vicieuse et que les plus grands crimes n'ont

» pas été commis dans les monastères, mais ils ont été
» plus remarqués par leur contraste avec la règle.
» Nul état n'a toujours été pur. Il faut n'envisa-
» ger ici que le bien général de la société et il en est
» résulté pour le monde les plus grands services : les
» moines ont existé moins pour eux-mêmes que pour
» les peuples au milieu desquels ils étaient appelés à
» vivre (1). »

Qui ne sait, du reste, que ce sont les moines qui ont défriché le sol et appris à nos pères à le cultiver ; qui ont fondé la plupart de nos villages, en appelant des travailleurs avec eux ; qui ont sauvé les sciences et les arts des ravages des barbares ; en un mot, qui ont été les éducateurs et les bienfaiteurs des peuples ?

—

3° *De la vente de l'abbaye et de ses fermes.*

Les bâtiments de l'abbaye, y compris sa chapelle, furent vendus au district de Gondrecourt, en 1790, probablement le 9 mai, en même temps que la ferme, à MM. Angérant, de Vitry, et Grisart, de Ligny, son beau-frère, pour la somme de 18,000 francs, paraît-il.

La ferme de l'abbaye, appelée le Bouvrot, fut elle-même vendue, avec la ferme de Saint-Antoine qui dépendait de la mense abbatiale, le 9 mai 1790, au district de Gondrecourt, pour la somme de 103,275 livres, à un nommé François Lapanne, de Saint-Joire, ci-devant fermier des religieux. Il en rétrocéda les dix-neuf vingtièmes à différents particuliers des villages voisins.

(1) Essais sur l'histoire générale, t. IV, chap. 135 et abbé Pierrot, tom. VIII, p. 8 et 9.

La ferme de Plein-Lieu, dépendant de l'abbaye d'Evaux, fut vendue le 9 mars 1791, également au district de Gondrecourt, à M. Jean-Baptiste Viardin, pour la somme de 71,100 livres, puis partagée entre sept ou huit particuliers de Demange.

Celle de Fontenoy, dépendant aussi de l'abbaye, fut vendue au même lieu et à la même époque, à la commune de Demange d'abord, pour la somme de 30,000 livres. Mais celle-ci n'ayant pu la payer, parce que l'administration forestière lui avait refusé la coupe de son quart de réserve, sur laquelle elle comptait pour cela, fut obligée de la revendre en détail, à différents particuliers de Demange, pour une somme qui dépasse le chiffre d'acquisition.

Nous n'avons rien trouvé relativement à la vente des fermes de Saint-Thiébaut au Val d'Ormenson, de Coffé et Bassé, au territoire de Saint-Joire, et du Bouvrot de Demange, mais il est à présumer que tous ces biens furent vendus à la même époque.

Le 3 octobre 1813, une nouvelle vente d'une partie des biens de l'abbaye est faite par devant M. Lefèvre, notaire à Demange, de la part de Messieurs Alexandre George Angérant de Valcourt et de dame Marie Jeanne Philbert, veuve de M. Louis Antoine Angérant, ainsi que de la part de M. Jean-Baptiste Erard Grisart du Sauget et de dame Alexandrine Angérant, son épouse, qui rétrocèdent 180 jours (61 hect 54 ares 20 c.) de ces biens, acquis par eux au district de Gondrecourt, pour la somme de 8,000 francs, à diverses personnes de Demange, les propriétaires de l'abbaye se réservant pour eux 30 jours, c'est-à-dire 10 hectares 25 ares 70 centiares de ces mêmes biens. Le pré du

Breuil contenant 12 hect. 07 ares 80 c., fut vendu à la même époque à des habitants de Tréveray.

—

4° *De la démolition de la chapelle et des bâtiments de l'abbaye.*

La chapelle fut démolie la première, de très-bonne heure, paraît-il, et son riche mobilier dispersé çà et là. Le magnifique baldaquin qui surmontait son maître-autel, fut vendu à l'église de Gondrecourt, où l'on peut l'admirer encore. C'est un dôme formé par la réunion de quatre consoles et supporté par quatre colonnes cannelées et ornées, de l'ordre corinthien. Au centre de l'entablement est figurée l'Assomption de la Sainte-Vierge. Deux tableaux de l'abbaye se trouvent au chœur de la même église : le premier, représentant la Sainte-Vierge portant l'enfant Jésus, et le second, saint Bernard. Ce dernier est d'un grand mérite (1).

Quant aux cloches, à l'orgue et à l'horloge mentionnés plus haut, nous n'avons pu découvrir ce qu'ils sont devenus.

Les autres bâtiments furent démolis, à dater de 1813, et on emporta leurs débris un peu partout. On nous a signalé une maison à Saint-Joire qui en avait été entièrement construite. A Demange, on trouve aussi quelques pierres qui viennent de ces bâtiments, et même l'écusson de l'abbaye, assure-t-on. Mais probablement que la plupart des matériaux ont servi à élever la forge qui a remplacé le couvent, au commencement de ce siècle.

(1) Notice sur Gondrecourt, p. 78.

Cette malheureuse forge, vendue et revendue plusieurs fois, a embarrassé tous ses propriétaires, pour rester en chômage depuis plus de trente ans, ne présentant à l'œil du voyageur que des bâtiments en ruine qu'on est occupé à restaurer cependant, afin d'essayer de les utiliser de nouveau, ce qui leur procurera au moins l'avantage de continuer à indiquer au touriste l'emplacement où fut située jadis la célèbre abbaye d'Evaux.

APPENDICE.

I.

Etat de la déclaration de Messieurs les religieux d'Evaux relativement à l'acquitement de la dette patriotique, par contribution franche et libre (1).

« Nous prieur et religieux de l'abbaye royale d'Evaux en Ornois, ordre de Citeaux, juridiction de Chaumont en Bassigny, subdélégation de Vaucouleurs, diocèse de Toul : déclarons avec vérité que la somme de dix-neuf cent treize livres neuf sols un denier fait le quart du revenu de la mense conventuelle de ladite abbaye, nous nous obligeons en conséquence de payer pendant trois ans la somme de six cent trente-sept livres seize sols quatre deniers pour chacune desdites trois années laquelle ditte somme forme le tiers de celle totale de dix-neuf cent treize livres neuf sols un denier, promettant en faire le premier payement au premier avril mil sept cent quatre-vingt dix, pour contribuer au besoin de l'Etat et conformément aux fixations établies par le décret de l'Assemblée nationale en date du 6 octobre mil sept cent quatrevingt-neuf concernant la contribution patriotique.

Fait à l'abbaye d'Evaux ce jourd'huy vingt-huit décembre mil sept cent quatrevingt-neuf. »

Signé : frère LA LANCE, prieur de l'abbaye.

(Cette déclaration n'est point écrite de la main des religieux, il n'y a que la signature du prieur).

(1) Cette pièce, ainsi que les suivantes, se trouve sur les registres municipaux de Saint-Joire, et nous ont été communiquées par M. le docteur Depautaine.

II.

Visites inquisitoriales des municipaux de Saint-Joire à l'abbaye.

« Ce jourd'huy trente décembre mil sept cent quatre-vingt-neuf.

Nous sindic et officiers municipaux de Saint-Joire étant ledit jour transportés à l'abbaye de Notre Dame d'Evaux en Ornois, en conformité des lettres patentes du roi et des décrets de l'Assemblée nationale des sept et quatre novembre dernier relatives à la conservation des biens ecclésiastiques, archives et bibliothèques, à nous adressées par Monseigneur l'intendant de Champagne et datté du vingt-cinq de décembre présent mois.

Nous susdit officiers étant parvenu à laditte abayes et parlant au supérieur de la ditte abayes nommé Monsieur La Lance, qu'il ayent à se conformer aux susdittes lettres patentes et à celles du dix-huit novembre et du Décret de l'Assemblée nationale en date du treize du dit mois de novembre dernier par nous signifiée le huit de le dit mois de décembre qu'il enjoint à faire leur déclaration de tous les biens meubles et immeubles dépendant de la mense conventuelle de la ditte abayes sur quoi le dit La Lance nous a dit qu'il avait le temps de faire leur déclaration et nous susdit officiers lui avons demandé sy il lui était permis de l'Assemblée nationale de vendre leurs troupeaux et leur poulin et autres effets dépendant de la ditte abayes ainsi que les chênes en débit dans le bois de la Devise.

Ce à quoi le dit La Lance nous aurait répondu que c'était pour payer leur depte, c'est pourquoi nous susdit officiers luy avons déclaré que nous nous alions retirer en notre greffe municipale pour en faire notre procès verbal des distractions qui se commentent dans la dite abayes, que nous avons fait rédiger par notre greffier et nous avons signé le jour mois et an que dessus. »

—

« Ce jourd'huy dix février 1790, nous maire et officier municipaux étant transporté à l'abayes royalle Notre-Dame d'Evaux en Ornois diocèse de Toul province de Champagne où étant parvenu au dit couvent en vertu des lettres patentes du roy et du décret de l'Assemblée nationale qui enjoint aux municipalités de veiller à ce qu'il n'a été commis aucune distraction sur tous les biens, meubles et immeubles dépendant des bénéfices, étant parvenu dans un des colidor du dit monastère y étant nous susdit officiers avons trouvé le procureur de la ditte abayes nommé Monsieur Pagniote qui nous aurait demandé ce qu'il y avait pour notre service ; nous susdit officiers luy avons répondu qu'en vertu des susdite lettre patente du roy et des Décrets de l'Assemblée nationale, que nous étions chargés de veiller à ce qu'il ne ce comette aucune distraction dans la maison tant par eux que par d'autres personnes commis de leur part, que nous étions fort surpris de ce qu'ils vendaient différents effets dépendant de la ditte maison tant bestiaux que planches, pierre, bois propre à bâtir, mouches à mielle, futaille et autres effets. Sur quoi le dit sieur Pagniote procureur de la ditte maison nous avait répondu que il fallait bien qu'il vende pour leur y faire de l'argent pour eux vivre et pour payer leur deptes et que il y avait une permission de l'Assemblée nationale qui leurs y permettait de vendre et que cela ne nous regardait en rien, que il marquait exactement tout ce que il vendait et que il nous alait donner connaissance de son mémoire si nous voulions passer dans son bureau. C'est pourquoi nous susdit officier luy avons dit que s'il vouloit nous en donner copie que volontier nous y passerions. Y étant parvenu le dit sieur Pagniote procureur ayant fait la lecture de ce qu'il avait vendüe à plusieurs particiculiers de Demange aux eaux et autres de la Neuville-les-saint-Joire et du même jour presque au même moment il aurait vendu six bêtes à cornes aux nommés François Lapanne habitant de Saint-Joire.

Nous dit officier luy avons réitéré de nous donner copie dudit mémoire, lequel nous a fait refus et luy avons déclaré que nous nous allions retirer en notre greffe municipal pour en dresser et rédiger le présent procès-verbal par notre greffier et envoyer à l'Assemblée nationale pour y statuer ce que de droit.

Fait et arrêté le dit jour dix février 1790 et avons signé.

JEAN MUNIER, officier.	A. SOYER, maire.	A. HARMAND. officier.
J. DEFER, greffier.		

III.

Déclaration des biens, revenus et effets mobiliers appartenant à l'abbaye royale d'Evaux, ordre de Citeaux, filiation de Morimond, située sur l'Ornois, ainsi que des charges de ladite abbaye affectées sur lesdits biens, fournie à l'Assemblée nationale par les religieux de ladite abbaye, en exécution du décret de l'Assemblée, du 14 novembre dernier, sanctionné par le Roi le 18 du même mois (1).

L'abbaye, nouvellement et solidement bâtie, consiste en deux ailes de bâtiments, la troisième restant à faire. Cette maison est située sur la rivière de l'Ornain, entre Gondrecourt et Ligny-en-Barrois, bailliage et élection de Chaumont-en-Bassigny, diocèse de Toul. Il y a attenant à la maison une jolie petite église neuve et bien bâtie ; près de ladite abbaye sont les granges, écuries, bergeries, maisons de fermiers, de vignerons, de gardes des bois, cour, jardin potager et verger, le tout pouvant contenir environ 10 arpents, mesure du Châtelet, rapporté ici seulement pour mémoire.

Meubles de l'abbaye.

Quatre chambres d'hôtes, composées d'un lit, d'une commode et chaises ; une salle de compagnie, composée de deux pans de tapisserie, de deux glaces et de quel-

(1) Cette pièce, dont nous ne donnons ici qu'un extrait, est écrite de la main du prieur et se trouve dans la famille Thouand-Sué, de Demange.

ques fauteuils et chaises; un réfectoire avec une armoire où est contenue la vaisselle et du linge à l'usage des hôtes et des religieux. Le reste est uniquement à l'usage des religieux.

Archives.

Tous les titres et papiers de l'abbaye sont distribués en trente-huit layettes cotées par lettre alphabétique depuis la lettre A jusqu'à la lettre OO inclusivement. Tous les titres sont inventoriés sur un cartulaire auquel est joint une table alphabétique, tous deux reliés et en bonne forme. Vérification faite de tous les titres qui sont aux archives et qui sont inscrits sur le catalogue du cartulaire, ils se sont trouvés au chantier, à la réserve de ceux qui ne sont que des copies.

La Bibliothèque.

La bibliothèque est composée de 788 volumes contenus dans onze rayons. Cette petite bibliothèque quoique remplie contient très-peu de livres de prix. Il y a environ 60 in-folio, la même quantité à peu près d'in-octavo et les 3[4 d'in-quarto. Les livres en général sont le Dictionnaire universel, le Dictionnaire de Moreri, Opera sencti Bernadi, Opera sancti Cypriani, de la Théologie, Dictionnaire économique, les Cérémonies religieuses, les œuvres de saint-Augustin, l'Histoire de France par le père Daniel, l'Histoire dogmatique de la religion, quelques sermons de l'Avent, l'Histoire ecclésiastique en 34 volumes. Il y a des ouvrages dont quelques volumes manquent : 1° Le 3ᵉ volume de l'Histoire dogmatique ; 2° il n'y a que le 1ᵉʳ volume du Missionnaire de l'Oratoire ; 3° il n'y a que les 3ᵉ et 4ᵉ volumes des Epitres de Saint-Paul ; 4° il n'y a que le 1ᵉʳ et le 4ᵉ volumes de l'Ami des hommes ; 5° le 4ᵉ volume des essais de morale de Nicole, ainsi que le 1ᵉʳ volume des Sacrements manquent ; 6° les 2ᵉ et 4ᵉ volumes de l'Histoire de la maison des Stuart manquent ; 7° le 1ᵉʳ volume des œuvres de Marolle ainsi que le 1er des œuvres de Saint-Réal et le 2e des Gens de cour manquent; 8° les 1er 3e et 5e volumes des causes célèbres manquent; 9° il n'y a que les 1er 2° et 4e volumes de l'Histoire de Puffendorf et les 3e et 4e volumes de l'Histoire du Bas-Empire.

En brochure il n'y a aucun manuscrit.

Eglise.

Il y a à l'église un orgue, des bancs pour les fermiers, une grille en fer qui sépare la nef du chœur, des stalles pour les religieux, une vieille tapisserie sur les degrés du maître-autel, deux tables, six chandeliers avec une croix de cuivre sur le maître-autel et un tapis, quatre chandeliers et un crucifix sur chacun des deux petits autels avec un tapis, une horloge et trois petites cloches.

Sacristie.

Cinq aubes garnies en dentelle, six garnies en mousseline, neuf unies, vingt-deux amicts, trente-deux purificatoires, quarante lavabos, seize corporaux, quatre aubes et quatre surplis pour les enfants de chœur. Deux petites nappes pour la communion, cinq nappes d'autel dont une garnie en dentelle et les autres en mousseline, douze bourses.

Ornements.

Trois ornements noirs dont trois chasubles et deux dalmatiques avec étoles, manipules et voiles, trois chasubles rouges avec étoles, manipules et voiles, trois chasubles bleues avec étoles, manipules et voiles, seulement deux, un ornement blanc complet pour les jours de fêtes, deux autres chasubles blanches avec étoles, manipules et voiles; deux vieilles dalmatiques avec étole et un manipule; quatre chapes dont une noire, une (illisible) et deux blanches; un vieux drap mortuaire et un dais bleu.

Vases sacrés.

Deux calices (1), un saint-ciboire, un encensoir avec la navette, un ostensoir, deux burettes et un plat, la boite des saintes-huiles, le tout en argent. Une croix argentée pour les processions, deux chandeliers en cuivre pour les acolytes.

Meubles de la maison.

Il y a quatre chambres d'hôtes composées chacune d'un lit avec les rideaux, de quelques chaises et fauteuils, d'une commode, les chambres sont boisées et tapissées et le nécessaire pour un feu.

Une salle d'hôtes boisée et tapissée composée de deux glaces avec des fauteuils et des chaises et deux tables, le nécessaire pour un feu. Un réfectoire boisé, un fourneau et une armoire pour la vaisselle avec le linge nécessaire.

La présente déclaration faite et certifiée véritable, sauf toutes omissions ou erreurs, à l'abbaye d'Evaux le 13 février 1790.

Frère Duchanoy, prieur.

(1) Un troisième calice avait été donné par les religieux à l'église de Domange, qui venait d'être dépouillée du sien par des malfaiteurs.

TABLE DES MATIÈRES

NOTICE SUR DEMANGE-AUX-EAUX

I

II

III

IV

V

VI

APPENDICES

NOTICE SUR L'ABBAYE D'EVAUX

I

II

III

APPENDICES

FIN

Société Nancéienne de Propagande. — Imprimerie Saint-Epvre.

SOCIÉTÉ NANCÉIENNE DE PROPAGANDE — IMPRIMERIE SAINT-EPVRE

Contraste insuffisant

www.ingramcontent.com/pod-product-compliance
Lightning Source LLC
Chambersburg PA
CBHW070402090426
42733CB00009B/1503

* 9 7 8 2 0 1 2 5 9 2 0 1 8 *